시사 프리즘,

철학으로 한국사회를 읽다

시사 프리즘,
철학으로 한국사회를 읽다

발행일 2018년 07월 13일 발행인 오덕성 지은이 양해림
펴낸곳 충남대학교출판문화원 주소 대전광역시 유성구 대학로 99
전화 042-821-6045 홈페이지 www.cnupress.co.kr E-mail cnupress@cnu.ac.kr

ISBN 978-89-7599-678-8 03100
정가 9,000원

시사프리즘, 철학으로 한국사회를 읽다

양해림

충남대학교출판문화원

이 저서는 대부분 지난 2015년 이후 4년간 현재에 이르기까지 주로 우리사회 및 지역사회의 시사성 있는 이슈를 중심으로《굿모닝충청》의「목요세평」,「시사프리즘」그리고「특별기고」등에 실렸던 글이 주축을 이루고 있다. 또한《대전충남인권연대》의「전인권(全人權)」,《프레시안》,《경향신문》,《서울신문》등 인터넷매체와 일간지 신문에 실렸던 일부의 글들을 발췌하여 새롭게 기획하여 엮었다.

이 글은 시기적으로 이미 지나간 내용들도 담고 있어서 현 시점에서 다소 동떨어진 것일 수도 있지만, 우리 한국사회 또는 내가 살고 있는 지역사회에서 그동안 급박하게 전개되어 왔던 사회의 현안문제들이 어떻게 진행되어 왔는지를 되짚어 보고, 또한 우리 한국사회의 지나간 다양한 현실문제들을 통해 지금보다는 보다 나은 바람직한 미래사회로 나갈 수 있는지를 모색하고자 했다. 또한 한국사회의 시사프리즘을 통해 철학의 눈으로 우리 사회를 미력하나마 조망해 보고자 했다. 철학자

헤겔은 그의 『법철학』 서문에서 "미네르바의 올빼기는 황혼과 더불어 날개를 펴기 시작한다"는 말을 남긴 바 있다. 미네르바라는 여신은 제우스의 신의 딸로서 지식과 예술을 맡아보는 신이다. 그 신이 사랑하는 동물이었던 올빼미는 햇빛이 쨍쨍한 대낮에는 올리브 나무 가지에서 눈을 감고 잠자고 있다가 땅거미가 지기 시작할 무렵이이면 날개를 펴기 시작한다. 철학도 미네르바의 올빼미와 마찬가지로 현실에 다소 무딜 수 있지만, 현실에 앞서서 미래를 조명하는 것이 철학의 임무이지 않을까 생각한다. 물론 철학은 현실을 가만히 앉아 조망만 하는 것이 아니라 주어진 현실상황을 개척하고, 나아가 미래를 조망해야 함은 물론이다.

따라서 이 저서는 5부로 나누어 지난 박근혜정부와 현 문재인정부에 이르기까지 다음과 같이 한국사회를 진단하고 기획하였다. 즉, 제1부 교육과 한국사회, 제2부 환경과 한국사회, 제3부 인권과 한국사회, 제4부 정치와 과학기술 그리고 한국사회, 제5부 촛불시민혁명과 한국사회로 나누어 기획했다.

이 글의 출판을 허락해 준 충남대학교 출판문화원의 김정태 원장님을 비롯한 양광준 과장님께 감사의 말씀을 전하고 싶다. 또한 이 글의 교정 및 편집작업을 수고해 주신 김보라님께 감사한 말씀을 전하고 싶다.

2018.6.

대전 궁동연구실에서

양해림

시사 프리즘, 철학으로 한국사회를 읽다

Contents

chapter
01

교육과 한국사회

행복의 조건

우리나라 거의 모든 국민들이 초 · 중 · 고 학창시절부터 대학진학을 위해 쉬지 않고 열심히 공부하고 직장에서 오랜 시간 일을 함에도 불구하고 정작 지난 2015년 경제협력개발기구(OECD)에서 발표한 자료를 보면, OECD 회원국 중 우리나라의 행복지수는 34개국 중 32위에 불과하다. 즉, 34개 회원국 가운데 우리나라는 자살률 1위, 행복지수 32위, 국민친절도 21위, 장기간 근로 근무시간 1위라는 불명예를 안고 있다. 또한 지난 2015년 3월 갤럽 통계에 따르면, 국민들의 실제 체감행복지수를 계산한 우리나라의 행복지수는 59점으로 비교대상 143개국 중 118위에 머무르고 있다.

최근 들어 사회, 경제적인 압박으로 인해 세 가지를 포기하는 세대, 즉 삼포세대(연애, 결혼, 출산)를 시작으로 5포세대(3포+내집마련, 인간관계), 7포세대(5포+꿈, 희망) 또는 헬(Hell)조선이라는 신조어를 만들어 내면서 암울한 대한민국의 자화상을 보이고 있다. 높은 실업률과 사교육비의 증가, 노동근로시간의 증가, 비정규직의 증가, 체감물가의 상승으로 서민들의 삶은 호전될 기미를 전혀 보이지 않고 있다. 풍요 속의 빈곤, 대한민국이 처해 있는 진짜 모습이다. 우리보다 경제적으로 상당히 어려운 환경에 있는 대부분의 개발도상국들이 행복순위에서 이미 앞서가고 있다. 예컨대 수 천년부터 네팔산지의 협곡에 위치해 있는 부탄은 국가 면적이 한반도의 17.4%에 불과하고 국민소득이 2천 5백 달러 가량의 작은 산악국가이다. 그런데 행복지수는 월등히 높다. 주민의 97%가 자신의 삶을 행복하다고 생각한다. 부탄에는 동화 같은 이야기가 있다. 정부는 첫눈이 내리는 날을 공휴일로 지정하고, 첫 눈이 온 날, 집 밖에 눈사람이 서 있다면, 집주인은 눈사람을 만든 사람에게 식사를 대접해야 한다. 첫 눈에 감사할 줄 아는 배려의 마음씨가 있어야 한다는 것이다. 국민소득은 현저하게 낮을지라도 행복을 느끼며 살아가는 부탄 사람들에게 우리는 행복의 조건을 배울 필요가 있지 않을까? 다른 나라들이 GNP를 외칠 때 부탄은 GNH(국민의 행복지수)를 이야기한다. 무엇보다 그들의 행복은 산업발전보다 자연환경을 우선하고, 근대화를 급히 서두르지 않는다는데 있다.

그러면 우리는 왜 행복하지 못할까? 우리는 왜 행복하지 않다고 생각할까? 행복의 조건은 무엇일까? 인간이 삶을 영위하면서 자연스럽게 추구하는 것은 몸과 마음의 평안(Ataraxia)이다. 기원전 4세기말 그리스 헬레니즘시대의 스토아학파나 에피쿠로스학파들은 이러한 마음의 평온한 상태를 추상적으로나마 "행복"이라 불러 왔다. 고대든 현대든 인간의 삶의 문제와 관련하여 진지한 성찰을 숙고한다면, 행복의 문제를 비켜갈 수 없다. 그러나 현대사회에서 행복은 매우 복잡하고 다양한 조건을 요청한다. 우선 요구되는 것은 정치 · 사회 · 경제적 조건이다. 한 국가가 기본적인 정치체제의 구성과 정책이 제대로 선행되지 않는다면, 개인들은 전 방위적으로 사회적 갈등에 휩싸일 위험이 다분히 있다.

미국 하버드대 총장을 20년간 역임한 데릭 보크(Derek Bok)는 『행복국가를 정치하라』(2011))에서 국민들의 행복을 증진시킬 수 있는 정책 방안을 제시한 바 있다. 데릭 보크는 이를 위해 먼저 행복을 결정하는 여섯 가지 요인으로 결혼, 인간관계, 직장, 건강상태, 종교, 정부의 질을 꼽았다. 그는 "행복의 성공적인 추구는 단순히 자기실현적인 효과를 불러오는 것을 넘어서 보다 낫고, 보다 강하고, 보다 배려하는 사회를 만드는 데 기여해야 한다"고 말한다. 그렇기 때문에 행복은 정부가 추구하기에 매우 적합한 목표라는 것이다. 선진국가들 사이에서 전체적인 행복 수준에 차이 나는 이유는 이 요인들의 결합효과가 있기 때문이다. 안전한 노후 보장을 위한 연금 제도의 개선,

정신질환 · 수면장애 · 만성통증 등 국민 정신건강 치료의 강화, 적극적 여가활동 참여의 장려, 결혼 장려와 가정생활의 안정성 제고 등이 그것이다. 최근 정부, 새누리당을 비롯해 정치권은 민생을 다시 챙기겠다고 립 서비스에 한창이다. 유감스럽게도 정부의 질은 역대 최하위다. 국민들의 민생을 말하기 이전에 정상적인 민주주의의 작동방식 회복이 우선이다. 박근혜정부와 여당은 김영삼 前대통령이 서거하기 직전에 언급한 "통합과 화합의 정치"를 유훈으로 받들어야 하지 않을까?

《굿모닝충청, <목요세평>, 2015.12.04.》

인간 길들이기 교육과 교육부

대학에 몸담고 있는 필자로서 요즘 교육부의 하는 행태가 지나치다. 지난 이명박 정부 출범부터 교육부(당시 교과부)는 대학행정에 하나 둘씩 간섭하기 시작하더니 박근혜정부들어서 노골적으로 사사건건 간섭을 넘어 급기야 조폭과 다름없는 공갈, 협박을 하기에 이르렀다. 지난 1987년 6월 항쟁 이후 민주화의 투쟁의 산물로 애써 일구어낸 대학총장의 직선제가 두 정부 들어 국립대 선진화의 명목으로 대학재정을 틀어쥐고 압박하여 거의 폐지시켰다. 어느덧 우리사회는 불과 7년 사이에 상식이 통하지 않는 비정상의 사회로 자리 잡고 있다. 조금만 더 지나면 우리가 살고 있는 대한민국은 아예 비정상이 정상인 사회로 정착될 조짐이다. 국립대와 사립대는 정도의 차이는 있겠으나, 특히 국립대는 교육부의 시녀가 되기를 강요받은 지 이미 오래다. 최근 국립대학들은 교육부가 원하는 간선제 총장후보자를 선출하여 1,2 순위를 교육부에 임용제청을 했으나, 임용거부의 이유조차 거절하는 초유의 사태들이 아무 거리낌 없이 버젓이 행해지고 있다. 그 실례로 공주대를 비롯해 경북대, 한국체육대학, 한국방송통신대가 교육부의 입맛에 들지 않아 이미 곤욕을 치렀거나 여전히 곤욕을 치루고 있다. 공주대(18개월) · 경북대(13개월) · 한국방송통신대(12개월) 등 3개 대학은 1년 이상 총장이 공석 상태다. 최근 진주교대가 지난 7월 1일 총장후보자를 선출했지만, 지금까지도 교육부로부터 임명제청을 받지 못하고 있으며, 여전히 경북대와 공주대는 교육부와 힘겨운 소송 공방중이다.

우리가 교육에서 강조하는 휴머니즘이란 무엇인가? 휴머니즘이란 인간다움을 존중하는 넓은 범위의 사상적, 정신적 태도이자 세계관을 뜻한다. 우리의 교육이 휴머니즘을 통해 인간의 길들이기가 시도된 이후 단순한 길들이기의 이론이나 대학교육의 행정 틀 안에서 대학의 정책과 형식에 대한 문제는 더 이상 만족하지 못한다. 이제껏 교육부가 대학의 길들이기 정책에 실패해 왔다는 것을 인정한다면, 무엇 때문에 아직도 미련이 남아 대학을 제 입맛대로 길들이려고 하는가? 박근혜 정부들어 교육부의 대학 길들이기에 대한 노력이 단지 교육부 당국에 대한 권력 장악의 길로 치닫는 것이라면, 그것은 시대에 한참 뒤떨어진 오판 아닌가? 교육부 고위관료들은 대학과의 위계질서와 거리두기를 통해 현재의 대학정책을 자신들의 독자적인 업무를 중시하는 것이라 강변하는지 모르겠다. 교육부 고위관료들은 청와대의 눈치 보기를 통해 대학을 복종의 대상을 넘어 명령하는 자로서 대학사회의 새로운 주인으로 우뚝 서고자 야욕을 품고 있는지도 모르겠다. 그래서 그들은 대학 길들이기라는 정치의 실현 가능성을 그들의 임기 내에 효율적으로 달성하려고 의도하는지도 모르겠다.

철학자 니체(Friedrich Nietzsche)는 〈짜라투스트라는 이렇게 말했다〉를 비롯해 여러 저서에 교육에 대해 신랄하게 비판한 바 있다. 니체에 따르면, 인간의 역사는 온갖 야만적인 방법들을 동원하여 약속을 지킬 수 있는 동물로 길들이고자 했던 사육의 과정이었다. 현대인은 사육하는 동물을 사육하는 인간으로 전환함으로써 인간 스스로 문화라는 우리에 갇혀 가축화되었다. 교육이 단지 미래를 위한 최상의 이익을 도모하는 것이 아니라 현존하는 사회의 이익을 위한 도구로 생산해 왔다. 대부분의 교육은 인간의 순화와 길들임을 목적으로 삼고 있기 때문에 결과적으로 인간의 왜소화를 초래해 왔다. 그는 이러한 교육의 목표를 인간의 길들이기로 규정하고 그 결과로서 인간의 왜소화를 촉진시켜 왔기 때문에 인간 길들이기의 비밀을 들추어낼 것을 강력히 요구한바 있다.

지금 우리의 대학이 자유와 자율성, 그리고 공공성이라는 이름과는 대조적으로 뒷걸음쳐 왔다. 곧 하이데거(M.

Heidegger)가 〈휴머니즘의 서한〉에서 표현하였듯이, "순종, 종속, 훈육, 사육, 길들이기에서 모든 교육이 출발"하고 있다면, 우리의 대학들은 교육부에 맞서 어떻게 대응할 것인가? 휴머니즘이 인간 길들이기의 학교로서 실패했다는 것을 인정한다면, 교육부는 국립대학을 비롯한 대학 길들이기 정책을 이제 중단해야 하지 않을까?

《굿모닝충청, <목요세평>, 2015.09.18.》

교육부와 국립대학의 자율성, 그리고 총장 직선제

지난 8월 17일 고(故) 고현철 부산대학교 국문학과 교수가 대학 본관 건물에서 "총장 직선제"를 외치며 투신해 숨졌다. 고 교수는 "진정한 대학의 민주화, 나아가 사회의 민주화"를 위해 "희생이 필요하다면 감당하겠다"는 유서를 남기며 자신의 소중한 생명을 마감했다. 고 교수의 투신은 단순히 총장 직선제의 실시가 아니라 대학의 민주주의와 학문의 자유, 그동안 대학의 자율성과 학문의 자유를 무참히 짓밟은 교육부의 반(反)교육적, 반민주적 행태를 고발한 것이나 다름없다. 지난 이명박 정부시절부터 박근혜정부에 이르기까지 교육부는 이른바 국립대학 선진화 방안이라는 미명 하에 국립대학의 자율성과 공공성을 아무 거리낌 없이 훼손해 왔다. 또한 교육부는 국립대학의 총장직선제를 강압적으로 폐지하고, 상호 약탈적 성과급적 연봉제의 실시, 국립대학의 특성을 고려하지 않는 대학 구조 개혁을 강행해 오고 있다.

주지하듯이, 총장 직선제는 과거 오랜 민주화 운동이 결실을 맺었던 1987년 6월 항쟁 이후 민주화 투쟁의 산물이다. 대한민국의 민주화를 위해 이끌어낸 제도가 대통령 직선제였다면, 대학 민주화를 위해 총장 직선제를 창출해 냈다. 총장 직선제는 그동안 피 흘려 확보한 대학자치, 학문 자유의 상징적 제도이다. 그리고 총장 직선제는 권력과 자본으로부터 자유로운 학문과 지식을 산출하기 위한 제도적으로 학내 구성원의 의사를 두루 반영하고 총장의 독단적인 전횡을 사전에 견제하고 방지하고자 하는 대학 자율성의 상징이다.

하지만 지난 1995년 김영삼 정부는 '5.31 교육 개혁안'을 발표하면서 '교육경쟁력 강화가 국가경쟁력 강화'라는 시각에 입각하여 공교육의 시장화와 학교 민영화를 추진하면서 대학의 자율성은 서서히 침해받아 왔다. 이때부터 한국 사회에 침투된 신자유주의의 논리가 교육계에도 고스란히 먹혀들어 주입되었다. 이후 각 대학의 자율성은 급속히 후퇴하기 시작했다. 지난 2007년 노무현 정부의 교육인적자원부는 '국립대학법인의 설립운영에 관한 특별법'을 국회에 제출하면서 5.31 교육 개혁안의 국 · 공립대 법인화 방안을 더욱 구체화했다. 그러나 국 · 공립대 교수들의 거센 반대로 17대 국회 종료와 함께 자동 폐기됐다. 교육부 입장에서는 국립대 민영화 과정에서 직선제 총장이 걸림돌이라 판단한 것이다.

결국 지난 2010년 9월 이명박 정부시절, 이주호 교육부장관은 '국립대학 선진화 방안'을 마련하여 국립대학 단과대학장의 직선제를 폐지하고 총장이 직접 임명하는 안을 강행했다. 그리고 2011년 8월에 당시 교육과학기술부가 발표했던 국립대학 총장 직선제를 전격 폐지하는 '2단계 국립대 선진화 방안'을 발표했다. 총장직선제의 폐지 이유는 총장 직선제 과정에서 금품수수와 파벌을 형성한다는 것이었다. 2013년 박근혜 정부에서도 총장직선제 폐지의 압박강도는 한층 강화되었다.

교육부는 각 국립대학이 교육부와 '국립대 선진화 방안 업무협약(MOU)'을 굴종적으로 체결하게 했다. 여기서 교육부는 '총장 직선제 폐지 및 총장 간선제의 도입 유무'를 교육역량강화사업 평가 지표에 반영하면서, 거부할 경우 '지원금 전액 환수'라는 최악의 카드를 밀어붙였다. 평가에서 하위 15%에 속하는 대학은 예산권을 틀어 쥔 교육부로부터 정부 지원금을 받을 수 없고, 구조조정을 감행해야 했다. 지금이라도 늦지 않았다. 교육부는 총장 직 · 간선제와 관련한 각 국립대학의 평가 지표를 없애고, 민주적 절차에 따라 총장을 선출할 수 있도록 충분한 자율권을 부여해야 한다. 따라서 교육부는 각 국립대학의 자율성을 살리기 위해 무엇을 어떻게 개선할 것인지 진정성 있게 머리를 맞대어야 한다. 자율성을 살리는 첫 번째 과제는 국립대학 총장 직선제를 제도적으로 보장하는 것에서 출발해야 한다.

《서울신문, 2015.08.26.》

거꾸로 가는 역사의 시계

박근혜정부가 지난 10월 12일 한국사 교과서 국정화 전환을 공식 발표하면서 온 나라가 시끌벅적하다. 지난 10월 22일 실시한 리얼미터에 따르면, 제3차 역사교과서 국정화 문제 조사에서 국정화에 찬성 41.7%(2차 조사 47.6%), 반대 42.7%(2차 조사 44.7%)였다. 또한 10월 23일 한국갤럽에 따르면, 국정교과서 찬성 반응답률이 찬성 36%, 반대 47%를 기록했다. 지난주 찬성반대가 42%로 동일했던 것과 비교하여 두 여론조사만 봐도 국정교과서 반대가 점점 많아지고 있음을 알 수 있다. 이러한 철 지난 국정교과서 전환을 일방적으로 몰아붙이고 있는 대통령은 총사령관으로서 진두지휘를 하고 있고, 집권여당의 대표는 이에 발맞추어 박비어천가를 부르고 있는 모양새다. 지난 25일에는 교육부가 역사교과서 국정화 작업을 주도하는 비밀(?) TF를 운영하는 것으로 드러나 진실공방중이다.

한 국가의 대통령이 권력을 한 움큼 움켜쥐고 비정상을

정상이라 우기고, 왜곡된 역사관을 올바른 역사관이라 우기면서 우리 국민들을 기만하고 있다면, 지나친 비약일까? 박대통령은 "올바른 역사교과서를 만들려는 노력이 정치적 문제로 변질되는 점이 안타깝다"며 "국민통합을 위한 올바르고 자랑스러운 역사교과서가 필요하다"고 강조한다. 지난 10월 22일 여야 오자회담에서 박 대통령은 현행 검정 역사교과서 집필진의 80%가 편향된 역사관을 가진 특정 인맥으로 연결되어 7종의 검정 역사교과서를 돌려 막기로 쓰고 있다고 강변했다. 한술 더 보태서 김무성 여당대표는 교과서 집필진의 90% 이상이 좌편향 학자들로 구성되어 있고, 좌편향 교과서가 만들어지고 있다는 것이다.

"대한민국의 역사학자 80~90%가 좌파"라는 박대통령이나 여당대표의 주장은 "국민들의 생각이나 상식, 교양의 수준이 정치인보다 이제 앞서가고 있는 21세기 디지털 글로벌 시대에서" 정치인들이 색깔론으로 덧칠하고 있는 것이다. 특히 이러한 편향된 인식은 국민을 대표하는 대통령이 노골적으로 우파의 입장을 대변하겠다는 발언이나 다름없다. 모름지기 역사의 문제는 역사 전공자들에게 맡겨야 함은 민주주의 국가에서는 이미 상식에 속함에도 불구하고 오히려 정치인 대통령이 가세하여 정치적 문제가 아니라 강변함이 놀라울 뿐이다. 한 나라의 대통령과 여당의 대표가 국민들의 분열과 갈등이 불거지면, 국민화합을 위해 노력해야 함에도 불구하고 오히려 국민들을 좌우파로 나누어 대립시키고 분열과 갈등을 조장시키는 행태는 바람직한 것인가?

역사학의 아버지라 불리는 헤로도투스(Herodotos, B.C. 484-425경)는 "역사란 인본적인 것이지 신화적인 것이 아니며, 신권정치도 아니다"라고 말한다. 무엇보다 역사의 목적은 인간의 행위가 후세에게 잊혀 지지 않게 하는 것이다. 역사의 역할은 한편으로 인간이 무엇을 행했느냐를 발견하는 것이며, 다른 한편으로 왜 그렇게 행했느냐를 발견하는 것이다. 역사가 랑케(Leopold von Ranke)는 "역사란 사실 그대로의 과거를 기술하는 것"이라 말한다.또한 랑케의 역사관을 이어받은 철학자 딜타이(Wilhelm Dilthey)는 "우리의 역사는 삶 그 자체로 이해해야 한다"고 말한다. 우리의 역사는 곧 삶이며 이는 체험, 표현, 이해를 통해 다시 재구성된다. 역사 교육은 바로 이런 우리 역사를 학생들이 자유롭게 체험, 표현, 이해하고 해석하여 재구성할 수 있는 방향으로 이루어져야 함을 뜻한다. 이를테면 역사란 지난 1961년 박정희가 군대를 동원하여 일으켰던 과거의 "5.16혁명"의 미화된 용어를 "5.16쿠데타"라는 개념으로 바로잡아 기술하는 것이며, 1972년 박정희가 대통령을 영구히 집권하고자 100년 전 일본의 메이지유신을 본떠 만든 10월 유신헌법을 시대착오적이고 복고적인 헌정유린이라 올바르게 서술하는 것이다. 이런 점에서 역사는 기본적으로 과거의 사실을 얘기해야 하며, 그 사실에 기반 하여 다양한 해석을 내리는 것이다. 그러한 역사를 학생들이 알아듣고 판단하는 것이 교육의 올바른 방향이다. 하지만 누가 자라나는 청소년들에게 역사를 주입식으로 하나의 획일화된 해석만을 강요하고 강박하려 드는가? 현 집권자들은 21세기세계화시대에 거꾸로 돌아가는 역사의 시계를 진정 원하는가?

《굿모닝충청, <목요세평>, 2015.10.26.》

무상교육의 종말, 독일의 비유럽권 대학등록금

대한민국은 문재인 정부들어 교육전반에 걸쳐 새로운 희망을 기대하고 있다. 이에 부응하는 교육수장도 임명되어 새로운 교육의 청사진을 제시하는데 박차를 가하고 있다. 무릇 교육은 백년대계다. 문재인 대통령은 대선 당시 교육부의 초·중등교육 관련 권한을 시·도 교육청과 단위학교로 넘기고, 교육부는 고등·평생·직업교육 중심으로 기능을 개편하겠다고 공약한 바 있다. 김상곤 교육부장관 겸 부총리는 지난 6월 29일 청문회에서 새 정부의 가장 시급하고 중요한 교육 정책을 누리 과정(3~5세 무상 보육) 지원 강화, 고교 무상교육, 대학등록금의 부담 완화 등을 통해 유아에서 대학에 이르기까지 교육의 공공성 강화 등 무상 복지 3종 세트를 손꼽은 바 있다. 김 부총리의 교육개혁이 최근 수년간 교육 분야의 문제점으로 지적된 교육부와 교육청 간 향후 어떻게 불협화음이 해소될 지도 주목된다.

잘 알려져 있듯이, 우리나라 고등교육 이수율이 지난 2016년 통계에 따르면, 경제협력개발기구(OECD) 국가에서 1위이다. OECD 교육지표에 따르면, 국내 24~34세 청년층의 고등교육 이수율은 69%로 35개 OECD 국가 중 가장 높다. 이와 같이 우리나라 청년층의 고등교육 이수율은 2007년부터 세계 1위를 유지하고 있지만, 정작 대학 등록금은 미국에 이어 두 번째로 높다. 대학 운영에 필요한 경비 가운데 민간이 부담하는 비율도 세 번째로 높고, 정부가 부담하는 공교육비 (4.0%)비율도 OECD 평균(4.5%)에 한참 못 미친다. 최근 반값등록금 정책으로 정부가 대학 등록금 동결과 인하를 유도하고 있지만, 여전히 가계에 부담이 되기는 마찬가지다. 우리나라의 경우, 대학등록금이 이렇게 유독 높은 반면, 유럽의 대학 가운데 특히 독일은 대부분 국립대학으로 운영하기 때문에 자국인과 외국인 할 것 없이 지금껏 대학등록금이 거의 없다. 대학마다 다소 편차가 있지만, 독일 헤센주의 프랑크푸르트 괴테(Goethe)대학교의 경우, 1학기 재학생들 등록비용으로 받는 금액이 362,75(47여만원) 유로정도이지만, 이는 학생들의 교통비를 대신 발급해 주는 명목으로 받는다. 학생들이 한 학기 등록금을 납부하면 시내 전구역과 같은 주(州)에 여행 내지 통학을 하는 경우 교통비는 6개월간 무료다.

저렴한 유학비용으로 인해 한국인 유학생들을 비롯해

아시아의 비유럽권 학생들은 그 동안 독일, 프랑스 등 유럽권 국가들을 유학지로 선호해 왔다. 하지만 향후 이러한 한국 유학생들을 비롯한 비유럽권(터키 포함) 유학생들의 유학사정은 그다지 밝아 보이지 않는다. 지난 2017년 6월 16일 독일 의회 연합 아민 라스켓 기민당(CDU)과 크리스찬 린드너 자민당(FDP) 의장은 비유럽권 대학등록금 협상에 착수한 바 있다. 이 주(州) 정부들은 이미 지난 5월 3일 법률에 의해 제3국 국민에 대한 수업료를 결정했다 예컨대 노르트라인 베스트 팔렌(NRW:뒤셀도르프, 뮌스터, 쾰른, 본 등)에 거주하는 비유럽(EU)권 외국인의 경우에 향후 학기 당 1,500유로(우리 돈 190여 만원 정도) 될 것이라 예상한다.

이 협약은 독일에서 유학하는 제3국가의 30,000 여명의 학생들에게서 받는 약 1억 유로의 수업료는 향후 고등 교육의 질을 향상시키기 위해 쓰여 져야 한다는 것이다. 이 주 정부들의 이러한 협약은 비유럽권 학생들에 대한 등록금의 납부가 혁신적인 결정이었다고 강조한다. 멀지 않아 각 주(州)의 정부들도 제3국 국민에 대한 수업료를 소개할 것으로 예상하고 있다. 또한 곧 비유럽권 외국인학생들에게 받게 될 수업료는 전국의 모든 대학의 프로그램을 통해 배포 될 것으로 예상한다. 이러한 비유럽권의 유학생들에 대해 수업료를 받아야 한다는 정치적 결정에 커다란 사회적 반향은 일어나지 않고 있다. 독일의 대학생 유학정책도 유럽 고등교육의 질적 향상이라는 취지아래 그동안 거의 무료에 가까운 값싼 등록금으로 유학의 천국으로 누려왔던 호시절도 이젠 옛말이 되어가고 있다. 이제 이 기회에 우리도 선진국 유학에 대한 획기적인 사고의 전환이 필요하지 않을까?

《굿모닝충청, <목요세평>, 2017.07.20.》

민주진보교육감께 바란다

6 · 13 교육감 선거에서 서울, 경기, 대전을 비롯해 17곳의 민주진보교육감 후보가 출마했다. 지난 2014년 교육감 선거에서는 4.16 세월호 참사와 박근혜 정부에 대한 반민주성에 저항하면서 전체 17곳 중 13곳에서 이른바 민주진보교육감이 당선됐다. 전국 시 · 도교육감은 모두 60조원이 넘는 예산을 집행하는 권한을 가진 '교육 소통령'으로 불린다. 이런 막강한 권한을 쥔 교육감 선거는 2010년 지방선거에서 처음 동시 직선제가 시작된 이후 진보냐, 보수냐 하는 화두를 안고 왔다. 무상급식이나 혁신학교, 자사고 폐지와 같은 정책적 쟁점이 형성된 것도 이 무렵부터였고, 2014년 선거에서도 진보적 교육정책들이 쟁점이 됐다.

하지만 지난 2007년 교육감 직선제 도입 이후 줄곧 교육감선거는 유권자들의 관심을 그다지 끌지 못했다. 왜냐하면 교육감후보는 각 정당의 공천이 없기 때문에 관심도가 낮아

지면서 학부모 등 교육이해 당사자가 아닌 경우에 자신의 문제가 아니라고 생각하는 경향도 짙다. 이런 이유 때문에 '현직 교육감 프리미엄'이 다른 어떤 선거보다 크게 작용해 왔다.

지난 2018년 5월 10일 민주진보교육감후보들은 ① 입시 경쟁교육 해소 ② 학교 민주화와 교육자치 활성화 ③ 교육복지와 학생 안전 강화 ④ 평화교육과 성평등 교육 강화 등을 담은 4대 공동공약을 발표한 바 있다. 무엇보다 4대 공약 중 가장 첫 번째로 언급한 것은 입시경쟁교육의 해소다. 대학서열체제 해소, 특권학교의 일반고 전환, 고교평준화 확대와 특성화고 현장실습제도 개선, 혁신교육지구 확대, 미래사회 대비 역량 강화와 인권 · 노동 · 생태 · 평화교육 활성화 등 교육과정을 전면 재구성한다는 것이다. 미래학자들은 4차 산업혁명시대에 18세기 이전과 같은 전인교육의 중요성이 더욱 증폭될 것이라 예측한다. 왜냐하면 4차 산업혁명시대는 19~20세기의 산업화 시대에 인간이 해야 했던 노동의 대부분을 인공지능으로 대체하게 될 것으로 전망하기 때문이다. 미래로 가는 과정에서 양극화로 인한 교육의 불평등이 심화될 가능성이 증가할 것으로 예측하여 향후 초중고등교육의 역할은 더욱 중요하게 되었다. 독일의 현대철학자 페터 슬로터다이크는 「인간농장을 위한 규칙」(1999)에서 인간은 사육되는 존재라고 말한다. 교육에서 길들이기는 사육과 훈육의 문제이다. 인간은 독서와 교육을 통해 사회화되고 이를 바로 인간이 휴머니즘에 의해 사육되고, 길들여지고, 길들여 왔다. 그는 이성과 교육을 강조하는 휴머니즘이 현실을 미화할 뿐이라는 것이다. 그래서 슬로터다이크는 현대 과학기술의 발전에서 휴머니즘의 길들이기가 아무런 대안을 주지 못한다는 것이다. 휴머니즘이 향후 인공지능의 급속한 발전 등으로 그 기능을 더 이상 수행할 수 없다면, 그 뒤에 기다리고 있는 것은 우리에게 이전과 비교할 수 없을 만큼 보다 많은 책임과 성찰, 그리고 미래의 대비를 요구한다. 따라서 이는 이미 우리에게 당면한 교육문제에 대한 진지한 사유의 기회를 제공한다.

주지하듯이, 문재인 정부 출범후 1기 민주진보교육감 출신인 김상곤 교육부장관이 부임한 지 1년여가 지났다. 그런데 현 정부가 공약한 '국가가 책임지는 교육과 보육'은 지지부진할 뿐 아니라 대학서열주의와 경쟁주의 교육정책도 여전히 온존하고 있다. 혁신학교 실험은 서울대를 정점으로 하는 대학서열체제와 입시경쟁 속에서 한계가 드러났다. 즉 민주진보교육감들은 지금껏 자사고를 비롯한 특권학교의 폐지를 공약했지만, 보수층의 반발에 눈치 보다 한걸음 후퇴했다. 지난 박근혜 정부가 전교조를 공격할 때도 민주진보교육감들은 분명한 역할을 하지 않은 채 교육개혁을 바라는 많은 사람들에게 실망감을 안겨 주었다. 그동안 진보 교육감들이 교육 노동자들의 노동조건을 공격해 왔고, 학교 비정규직 노동자들은 진보 교육감을 상대로 투쟁해야 했다. 이제 교육감 선거에서 민주진보 교육감 후보를 추대하고 지지하는 것이 어떤 의미인지 진지하게 되돌아 봐야 한다. 진보라는 명칭이 더 이상 보수와 대척점에 서 있지 않다. 각도의 민주진보 교육감들이 진정 "모두를 위한 교육"을 실현하고자 한다면, 먼저 학교 비정규직 노동자의 정규직화를 통해 차별 없는 학교, 평등한 학교부터 만들기에 앞장서 줄 것을 바란다. 나아가 문재인 정부의 지지부진한 교육개혁의 비판을 통해 시민들의 진보적 교육개혁의 염원에 응답해 주길 바란다. 또한 4차 산업혁명시대에 걸 맞는 고등교육이 나아가야 할 바람직한 이정표를 제시해 줄 것을 간곡히 바란다.

《굿모닝충청, <시사프리즘>, 2018.06.19.》

4차 산업혁명과 교육의 미래

최근 전문가들의 연구주제인 인공지능(AI)이 일반 대중에게 회자되고 있는 이유는 대체로 두 가지다. 먼저 지난 2016년 제46차 세계경제포럼(다보스 포럼) 연례총회에서 제안된 4차 산업혁명의 핵심기능이 AI로 알려졌다. 그 후로 4차 산업혁명은 한국사회의 미래에 운명이 걸린 것처럼 정치인, 경제인, 언론인을 비롯한 거의 모든 영역에 걸쳐 회자되고 있다. 둘째, 지난 2016년 3월에 AI 바둑프로그램인 알파고가 이세돌 9단과의 대국에서 압승을 거두는 장면을 TV로 생중계로 지켜보면서 거의 모든 시청자가 AI의 위력에 놀라움을 금치 못했기 때문이다. 알파고의 승리는 4차 산업혁명의 한 단면을 보여주면서 딥러닝(심화학습) 기술과 AI의 발달이 주요 수단으로 손꼽힌다. 이세돌과 알파고와의 대국을 통해 컴퓨터는 인간의 판단을 뛰어넘어 스스로 사고할 수 있다는 점이 증명된 셈이다. 현재 한국의 AI 수준은 세계 11위 정도이다. 아직 연구를 시작하지 않은 나라를 제외하면 최하위 수준에 불과하며, 선진국보다 10년 뒤쳐진 수준이다. 엔지니어 숫자만 보아도 한국은 중국의 100분의 1 수준이다. 점차 4차 산업혁명의 새로운 기술은 새로이 일자리의 기회를 창출하는 동시에 낡은 일자리를 없앤다. 그러나 두 가지 힘 사이에 완벽한 조화는 없다. 이렇게 4차 산업혁명으로 AI 기계가 사회적 체계의 소통에 참여하게 되면서 AI의 논의는 앞으로 지속될 수밖에 없게 되었다. 따라서 4차 산업혁명시대에는 18세기 이전과 같은 전인교육의 중요성이 더욱 커질 것이란 전망이다.

하지만 우리는 여전히 19세기에 만들어 놓은 학교 체제를 그대로 사용하고 있다. 세계적인 미래학자 제레미 리프킨은 "우리의 모든 교육방식은 1차 산업혁명이 있었던 19세기의 방식과 똑같다"고 말한다. 노동자가 없는 세계는 과학자, 엔지니어, 기업주들에게 고되고 정신없는 반복적인 작업으로부터 인간이 해방되는 역사상 새로운 시대의 시작을 의미하는 것일 수 있다. 동시에 다른 사람들에게는 대량 실업, 전 세계적인 빈곤, 사회적 불안과 격변이라는 우울한 미래로 비쳐질 수 있다. 이렇게 리프킨은 향후 우리의 세계를 노동자가 거의 없는 노동의 종말을 이야기한다. 또한 저명한 미래학자 토마스 프레이는 "2030년 세계 대학의 절반이 사라진다"고 예측한다. 그 이유는 지식의 반감기가 매우 짧아져 대학이 산업의 수요를 따라갈 수 없기 때문이다. 지금까지 대학 졸업장이 좋은 일자리를 보장할 것이란 믿음이 있었지만, 그런 믿음도 이미 깨졌다. 프레이는 지금과 같은 시기에 4년이라는 시간과 많은 학자금을 쓰는 것에 대해 의문을 제시할 필요가 있다고 말한다. 현재는 정보의 흐름이 너무 빠르고, 진짜 고급 정보는 대학 밖에 있기 때문이다. 지난 2018년 3월 22일 통계청이발표한 '2017 한국의 사회지표'에 따르면, 고등학교에서 대학교로 진학하는 비율은 68.9%이다. 고등교육기관 진학률은 2005년 82.1%를 정점으로 매년 낮아지고 있다. 대학 진학이 가능한 만 18세 인구는 2020년 48만 명, 2021년 43만 명으로 감소하고 2023년 40만 명 선이 붕괴될 것으로 교육부는 추산하고 있다. 대입 정원이 고교 졸업자 수보다 훨씬 많아진다는 의미로써 대학이 학생들에게 선택받아야만 생존할 수 있게 되었다.

세계적인 추세도 전통적인 대학은 이미 무너지기 시작했다. 2014년 개교한 미국의 미네르바 스쿨은 지난 2016년에 신입생 1만 6000여 명(306명 선발), 2017년에는 2만 명(210명 선발)이 넘게 지원하면서 하버드대학보다 입학하기 어려운 대학으로 손꼽힌다. 모든 교육은 온라인 강의와 토론으로 진행된다. 교수의 일방적인 주입식 수업이 아니라 스스로 지식을 탐구하고 협업을 통해 문제해결의 능력을 키운다. 학생들은 학교에서 설치한 세계 7개국(샌프란시스코, 베를린, 부에노스아이레스, 서울, 하이데라바드, 런던, 타이베이)의 기숙사에서 생활하면서 그 도시들을 돌며 4년간 현지 문화와 산교육을 배운다. 무엇보다 기존 대학이 위협을 받는 가장 큰 원인은 지식 습득 위주인 기존 교육체계가 붕괴 위기에 놓였기 때문이다. 이렇게 지식 습득교육의 붕괴는 AI '4차 산업혁명' 등으로 상징되는 미래의 혁신기술이 그 위치를 대체하고 있는 중이다. 이제 그 동안 우리가 습득하기 위해 노력했던 도구적 기술들이 더 이상 필요로 하지 않을 수 있다. 결국 현재와 같은 학교 체제는 사라질 것 이란 우려 속에서 우리의 교육은 향후 어떻게 미래를 대비할 것인가?

《굿모닝충청, <시사프리즘>, 2018.04.23.》

chapter
02

환경과 한국사회

폭염과 기후변화의 엔트로피
포항 강진과 기후변화 그리고 탈핵
지진과 원자력발전소
월평공원(도솔산) 민간특례 개발사업과 불통의 정치
대전 상수도 민영화와 신자유주의의 망령
대전시 한국원자력 연구원의 방사성폐기물과 안전 불감증
보금자리의 파괴, 그리고 죽음의 강

화석시대의 종언과 미세먼지

21세기에 직면한 가장 심각한 문제 중 하나는 기후변화다. 지금까지 이산화탄소(CO_2) 와 다른 온실가스가 대기 중 방출되어 지구의 기후를 변화시켜 왔다. 지금 지구상의 인류는 기후변화로 인해 피할 수 없는 홍수, 지진, 쓰나미, 질병 및 기타 예기치 못하는 죽음 등 심각한 위기상황에 처해 있다. 최근 20여 년간 우리나라의 이산화탄소배출 증가 속도가 경제협력개발기구(OECD) 회원국 중 가장 빠른 것으로 나타났다. OECD 회원국 중 우리나라와 칠레(108.2%), 터키(62.4%)가 온실가스 배출 증가율 'Top 3'를 구축했다. 이는 석탄 등 연료 사용이 많았던 것이 그 원인이다.

최근 많은 국민을 불안에 떨게 하는 미세먼지 발생의 주범 중 하나로 석탄 화력을 지목한다. 미국 예일대와 컬럼비아대 공동연구팀이 발표한 2016년 6월 환경성과지수에 따르면, 한국의 초미세먼지(PM2.5) 노출 정도는 180개국 중 174위를 기록했다. 2014년 171위였던 것보다도 훨씬 더 악화됐다. 지난해 12월 파리에서 열린 제21차 기후총회에서 우리나라는 2030년까지 온실가스를 배출 전망치(BAU) 대비 37% 감축하기로 약속했다. 따라서 21세기 후반부에는 화석연료의 완전퇴출이 불가피하다. 이 약속은 국내 온실가스 배출량의 37.1%를 내보내는 에너지 부문의 감축 없이 지켜지기 어렵다. 기후변화를 유발하는 온실기체들 중 가장 비중이 높고 대기 중 체류기간이 긴 이산화탄소가 주로 화석연료를 태울 때 발생하기 때문에 37.1%의 감축 합의를 지키기 위해 이산화탄소 배출량이 넘지 말아야 한다. 파리협정은 전 인류의 탄소예산을 한정하고 태울 수 없는 탄소의 양을 확정한 것이다. 그렇기 때문에 파리협정은 "화석시대의 종언"을 선언한 것이다. 이런 점에서 이 협정은 글로벌 기후변화를 해결하기 위해 국제사회가 도출한 에너지 합의이다.

잘 알려져 있듯이, 미세먼지의 주범으로 석탄화력발전소가 꼽힌다. 말하자면 석탄화력발전소가 온실가스 배출의 주범인 것이다. 충남지역에는 국내 화력발전소 53기 가운데 그 절반인 26기가 당진·보령·태안·서천 등에 위치해 있다. 충남의 화력발전 설비용량은 전국(2억6106만kW)의 47.5%인 1억 2400만kw다. 당진에는 현재 가동 중인 8기와 건설 중인 2기, 건설 예정인 2기가 더 들어설 예정이다. 태안에도 건설 중이거나 건설 예정인 발전소가 3기, 모두 완공되면 충남지역의 석탄화력발전소 규모는 전 세계 3위 안에 든다. 또한 지난해 산업통산 자원부는 7차 전력수급기본계획을 수립하면서 오는 2023년까지 석탄화력발전소 20기를 추가로 건설하기로 확정했다. 석탄화력발전소 20기의 증설 계획은 미세먼지뿐 아니라 기후변화 대응을 위해 2025년까지 화석연료 보조금까지 철폐하기로 한 국제사회의 흐름과 완전히 역행한다.

충남 지역의 석탄화력발전소는 지역의 초미세먼지(PM2.5) 농도를 높일 뿐만 아니라 수도권 초미세먼지에 최대 28%까지 기여하며, 서풍이 심한 겨울철에는 국내 전지역에 영향을 미치는 것으로 분석됐다. 국제환경단체 그린피스는 지난 2016년 3월 석탄화력발전소에서 발생하는 초미세 먼지 등 대기오염의 심각성과 함께 보령 · 당진 · 서천 · 태안 지역에 발전소가 추가로 건설되면 주민들의 '조기 사망' 문제도 심각하다고 경고했다. 미세먼지 자체가 국제암연구소에서 정한 1급 발암물질로 이미 규정되었기 때문에 미세먼지에 노출이 많을수록 암 발생 가능성이 그만큼 높다. 예컨대 석탄화력으로 인한 미세먼지 등 오염물질은 1년에 미국은 1만 3000명, 유럽은 1만 8000명, 인도는 18만 명에 이른다. 당진에서 건설 중인 9-10호가 완공되면 매년 조기사망자는 당진 지역만 750명에 달할 것이며, 그 피해는 당진 지역에 한정되어 머물지 않을 것이라는 예상이다. 특히 충남지역에 몰려 있는 석탄화력발전소들은 최근 미세먼지가 심각한 수도권의 초미세먼지 농도를 4~28% 가중시키는 것으로 알려졌다. 초미세먼지의 문제 해결을 위해 근본적인 에너지 구조를 바꾸는 것이 급선무다. 석탄과 같이 온실가스 배출량이 상대적으로 많은 연료의 사용을 억제하는 방향으로 신생에너지 개편이 이뤄져야 함은 물론이다. 지난 2012년 기준 우리나라의 신재생에너지 비중은 3.2%다. 이는 독일(12.0%), 덴마크(26.8%), 프랑스(8.4%) 등에 비해 크게 낮은 수준이다. 따라서 정부나 각 지자체는 신재생에너지 보급을 활성화하기 위해 지역 선호도 및 수용성에 기초한 지역기반 신재생에너지 보급 로드맵을 개발하고, 지자체 주도형 보급 프로그램을 추진하면서 다양한 주민지원책을 도입할 수 있도록 힘을 기울여야 한다.

《굿모닝충청, <목요세평>, 2016.07.28.》

폭염과 기후변화의 엔트로피

지난 8일을 기점으로 가을의 시작을 알리는 절기인 '입추(立秋)'에 접어들었지만, 서울, 대전 등 전국의 낮 최고기온이 34도까지 오르는 등 무더위가 우리의 일상생활을 방해할 정도로 그 절정에 이르렀다. 기상청과 국민안전처는 전국에 걸쳐 폭염 경보를 연일 발효하고 있다. 연일 찌는 듯한 무더위와 높은 습도 때문에 불쾌지수가 올라가고 하루하루가 숨이 턱턱 막혀 온다. 필자도 한 밤에 열대야로 인해 불면으로 지새우는 날이 많다.

지금 우리 인류에게 직면한 가장 심각한 문제 중 하나는 폭염, 홍수, 가뭄과 같은 기후변화(지구온난화)라 할 수 있다. 특히 지구온난화의 억제는 우리에게 부과된 가장 중요한 문제의 하나가 되었다. 변화무쌍한 기후변화는 가뭄과 홍수, 폭염을 야기하고 있고, 극심할 정도로 비정상적인 날씨는 한반도를 비롯한 세계 여러 지역의 식량생산에도 많은 타격을 안겨 주고 있다. 또한 기후변화는 가뭄으로 인한 대기근, 빈곤, 환경파괴, 사회 양극화, 테러리즘 등의 문제들을 악화시키고 있다. 개발도상국의 급속한 산업화에 따라 이산화탄소량이 급속히 증가하여 기후가 바뀌고 산림이 사라졌다. 또한 새만금과 같은 무분별한 해안연안 개발로 갯벌과 습지가 유실되고, 해양오염도 심해졌다. 지나친 화석연료 의존도와 일상화된 에너지의 낭비로 에너지위기와 함께 환경위기의 가능성을 우리 일상생활에서도 어렵지 않게 목격하고 있다.

지구의 평균온도는 지난 100년간 약 0.8℃ 상승했다고 한다. 이로 인해서 지구의 생태계 균형이 상당부분 파괴되었고, 강우패턴이 변화하여 해수면이 급속히 상승했다. 우리주변에서 온실가스 배출이 지속적으로 증가한다면, 인류에게 큰 재앙이 될 것이라 이구동성으로 과학자들은 경고하기에 이르렀다. 또한 현재와 같은 화석연료 기반에 둔 경제성장이 지속될 경우, 21세기 말에 이르러 대기 중 온실가스 농도는 현재 350ppm안팎에서 936ppm으로 상승하여 지구평균 기온은 3.7℃까지 상승할 것이라는 예측이다. 우리나라의 평균 기온도 지난 100년간 1.8℃ 상승해 지구 평균보다 2배 이상 높은 상승추세를 보여주고 있다. 이와 같은 조건에서 21세기 말에 가면 우리나라의 평균기온은 5.9℃ 상승할 것으로 전망되어 지구의 평균보다 높은 온도상승률을 보일 것이라는 예측이다.

혼히 대기 속에 이산화탄소가 증가하면 기온이 상승하여 북극의 얼음이 녹아 지구의 열기가 빠져 나가지 못한다고 한다. 감소한 눈 표면은 반사 능력의 소실, 이를테면 희색은 열을 반사하고 검은색은 열을 흡수하여 지구를 빠져 나가는 열의 양이 감소한다.

베스트셀러 작가이자 문명학자인 제레미 리프킨(Jeramy Rifkin)은, 『엔트로피』(1980)라는 저서에서 지구상에 두 가지 유용한 에너지원이 있다고 말한다. 하나는 지구전체에 있는 에너지원이고, 다른 하나는 태양에 흘러들어오는 에너지원이다. 하나는 인간의 시간단위로 재생 가능한 것이고, 다른 하나는 지질학적 시간 단위로만 재생가능해서 인간에게는 사실상 재생 불가능한 것이다. 흔히 "우주의 에너지 총량은 일정하며(제1 법칙), 엔트로피 총량은 지속적으로 증가한다(제2 법칙)"고 말한다. 엔트로피란 어떤 시스템 내에 존재하는 무용(無用) 에너지의 총량을 나타내는 것이다. 엔트로피가 증가한다는 것은 유용한 에너지가 줄어든다는 것을 암시한다. 에너지 제1법칙에서 에너지는 결코 창조되거나 파괴될 수 없으며, 한 가지 형태에서 다른 형태로 변할 뿐이다. 더 이상 에너지는 창조 될 수 없다는 의미이다. 우주의 에너지 총량은 태초부터 정해져 있었고, 우주의 종말이 당장 온다고 할지라도 절대 변하지 않는다. 자연계에서 무슨 일이 일어난다는 것은 일정량의 에너지가 무용한 에너지로 전환한다는 것이다. 그래서 우리주변에 버려지는 쓰레기란 흩어진 형태의 에너지일 뿐이다. 이제 필수품이 되어버린 냉장고, 승용차, 에어컨과 같은 일상적 에너지 사용은 억제하기가 쉽지 않게 되었다. 우리의 편리에 따라 사용한 일상의 에너지가 부지불식간에 지구적 기후변화로 확산되고 있는 것은 아닌지, 이 폭염의 날씨에 한번쯤 생각해 보는 것은 어떨까?

《굿모닝충청, <목요세평>, 2015. 08.13》

포항 강진과 기후변화 그리고 탈핵

지난 11월 15일, 경상북도 포항에서 규모 5.4의 지진이 발생했다. 지난 2016년 10월 경주 5.8 지진에 이어 또다시 지진이 발생하면서 우리나라도 이제 더 이상 지진 안전국이 아니라는 사실이 여실히 드러났다. 문제는 한반도 동남권에 밀집한 핵발전소이다. 최근 신고리 5,6호기 공사마저 재개되어 핵 발전에 대한 국민들의 불안감은 가라앉지 않고 있다. 지난 11월 20일 기상청에 따르면 앞서 15일 규모 5.4 경북 포항시 지진 여파로 발생한 여진은 모두 68회에 이른다. 국내 지진 규모 중 역대 두 번째를 기록한 강진 후 포항은 하루사이에 계속 흔들리고 중이다. 경북지역 경주시의 땅도 1년전 9월 12일 발생한 규모 5.8 강진 후 지금까지도 쉬지 않고 떨리고 있다. 경주 강진 이후 1년 2개월 동안 여진은 640여 회나 발생했다.

이처럼 21세기에 직면한 가장 심각한 문제 중 하나는 지진과 같은 기후변화다. 지금까지 이산화탄소와 다른 온실가스가 대기 중 방출되어 지구의 기후를 변화시켜 왔다면, 향후의 기후변화는 지속적으로 변화하면서 상이한 양상으로 이전보다 예측할 수 없게 변화할 것이라는 사실이다. 기후변화는 대지진과 쓰나미와 같은 이상기후가 빈발하는 지구촌에서 지난 구(舊) 소련의 체르노빌과 일본의 후쿠시마와 같은 엄청난 재앙의 핵 발전 사고를 경험한 바 있다. 특히 핵 발전은 과학기술로 인한 의도하지 않은 위험들이다. 문재인정부 들어 탈핵을 천명했지만, 아직 핵발전소와 같은 과학기술의 결과물들을 과학자들은 안전하다고 강조한다. 현대사회에서 위험은 바로 발생하지 않았다 하더라도 다가오고 있는 파국과 관련이 있는 있다. 특히 원자력 기술자들은 일반적으로 무조건적으로 원자력 발전소가 안전하다고 얘기하는 경향이 짙었다.

지난 1979년 3월 28일 미국 펜실베니아주 해리스버그에 있는 스리마일 섬의 5등급의 원전사고와 1986년 구소련에서 발생한 우쿠라이나의 체르노빌 핵발전소의 폭발 사고, 그리고 2011년 일본의 후쿠시마 핵발전소의 사고는 9.0 규모 지진의 7등급 이상에 해당하는 최악의 사고였다. 미국 스리마일 사고는 노동자 한 사람의 실수로 일어난 사고였다. 체르노빌 사고는 과학자들의 실험에 의한 것이었고, 후쿠시마 사고는 지구적 기후변화로 인한 자연재해였다. 첫 번째 핵 사고를 일으킨 미국의 핵발전소 개수는 104개, 두 번째 핵 사고를 일으킨 러시

아는 66개로 세계 2위, 58개의 핵발전소를 운영하는 3위 프랑스에서는 핵 사고가 일어나지 않았다. 54개를 가동했던 세계 4위인 일본에서는 핵사고가 발생했다. 24개의 핵발전소를 운영하고 있는 세계 5위인 한국에서는 핵사고가 일어나지 않았다. 이렇게 원전 24기를 가동 중인 대한민국은 개수로만 치면 미국, 프랑스, 일본, 러시아에 이어 세계 5위지만, 땅 넓이에 대비하면 가장 많은 원전을 보유하고 있다. 여기에 지난 박근혜 정부에 이어 추가로 짓고 있는 5개의 원전과 신규부지로 확정된 삼척과 영덕의 원전을 합치면 더욱 확장될 예정이다. 이렇게 많은 원전을 보유한 우리나라는 역대 1,2위를 기록한 가장 강력한 규모의 지진으로 인해 원전 밀집지역의 토지를 뒤흔들고 있는 중이다. 특히 포항 진앙지에서 경북 경주 월성원전은 직선거리로 45km, 울산 새울 원전은 80km, 부산 고리원전은 88km, 경북 울진 한울 원전은 109km 밖에 되지 않는다.

1년 전 경주 진앙지의 경우도 각각 27km, 50km 직선거리에 월성 · 고리원전이 위치해 있다. 경북 동해안을 따라 100km 이내에 국내 원전 24기 중 전남 영광 한빛 6기를 뺀 한울(6기) · 월성(6기) · 새울(1기) · 고리(5기) 등 18기는 동해안 · 영남권에 집중되어 있다. 이에 대해 시민사회를 비롯한 우리 사회에서 "축소" · "중단" · "탈핵" 등 수위는 서로 달리 할 수 있지만, 원전이 불안하다는 지적은 언제나 한 목소리이다. 한국수력원자력은 포항 강진 후 "원전 24기에 이상이 없다"고 앵무새처럼 발표하고 있다.

하지만 경북지역 주민들의 불안뿐만 아니라 온 나라가 불안에서 쉽사리 가라앉지 않고 있다. 지진으로부터 안전하지 않은 땅 위에 지어진 핵발전소는 가동 중단해야 하고, 추가 건설계획 철회 후 전면 폐기를 통해 탈핵으로 가야 하는 것은 마땅하다. 따라서 문재인정부는 포항이나 경주는 양산단층대 활동이 확실해 지면서 한반도 동남부 일대 원전의 축소 및 탈핵의 계획을 다시 세워야 하지 않을까?

《굿모닝충청, <시사프리즘>, 2017.11.27.》

지진과 원자력발전소

지난 2016년 7월 5일 울산시 동구 동쪽 52km 해역에서 리히터 규모 5.0의 지진이 발생했다. 그 후 9월 12일 경주에서 일어난 규모 5.1과 5.8의 지진으로 많은 국민들을 더욱 불안에 떨게 하고 있다. 전문가들은 이 정도 규모의 강한 지진은 언제든 발생할 것이라 예측한다. 많은 국민을 불안에 떨게 한 울산과 경주해역에서의 지진은 지진 관측이 시작된 이후 역대 5~6위 수준이다. 이렇게 울산, 경주지역에 지진이 발생하면서 부산과 경남, 경북, 광주, 대전과 충청, 강원, 경기지역 등 어느 곳에서도 결코 안전지대가 아니라는 사실이 명백해졌다. 집중호우, 폭설 등 이외에 이번 지진피해로 인해 특별재난지역이 선포된 것은 처음이다.

주지하듯이, 지난 2011년 3월 11일 일본에서 발생한 9.0 규모의 '대지진'으로 인한 일본의 후쿠시마 원전사고는 안전한 원자력이란 존재하지 않는다는 사실을 적나라하게 보여 주었다. 원자력 에너지가 가진 근본적 위험은 기술의 발전이나 안전성의 강화로 절대로 해결되지 않는다. 지진, 폭설 등 자연재해는 말할 것도 없이 인재로 인한 기술적 결함에서도 원자력발전소 사고의 위험은 언제나 잠재해 있다. 예컨대 쓰나미, 폭염, 지진 등 단 한 번의 자연재해 사고로도 언제든 파멸의 위기를 몰고 올 수 있다.

한국은 원전 밀집도 세계 1위의 대표적인 핵발전 국가이다. 원자력 발전소는 원자력법에 의거하여 지진이나 지각변동이 일어날 가능성이 희박한 곳에 설치한다. 우리나라의 원자력발전소는 모두 해안가에 위치해 있는데, 엄청난 냉각수를 필요로 한다. 문제는 지구온난화로 인한 우리나라 주변의 바다 수온이 세계평균보다 점점 높아지게 되면, 해변가 주변에 있는 원자력발전소가 그만큼 위험에 노출된다는 점이다. 원자력발전소의 간접 냉각수로 해수를 사용하기 때문에 해안가에 위치해 있으며, 주민 반발을 우려하여 인구가 적은 마을에 세워져 왔다.

지난 1978년부터 우리나라는 고리 원자력발전소 1호기 가동을 시작으로 2013년말 까지 고리 6기(신고리2기 포함), 영광 6기, 월성 5기(신월성 1기 포함), 울진 6기 등 총 23기(총 20.7GW)의 원자력발전소가 가동 중에 있다. 정부는 2024년까지 총 42개의 원전을 운영할 예정이다. 이러한 원자력발전소는 현대사회의 가장 필수적인 기술생산품 가운데 하나인 전력을 대단히 효율적으로 생산해 낸다. 하지만 원자력발전소는 수많은 생명체를 파괴할 수 있는 핵분열의 생성물을 만들어 낸다. 핵사고가 전혀 일어나지 않는다고 가정하더라도 원자로에서 나오는 핵폐기물은 정기적으로 볼 때, 많은 생태적 재앙을 초래할 수 있다. 그래서 원자력발전을 가동하면 크고 작은 방사능 유출사고가 발생하고 이러한 사고는 지역주민들에게 직접적인 위험이 된다. 한국의 원자력발전소는 30년 이상 된 노후한 발전소가 6개나 있으며, 고리 1호기는 40년이 넘었다.

지난 1997년 6월에 발생한 경주 지진을 중심으로 울산까지 활성단층을 조사한 결과 월성원전 부근 지하 10km 지점에 규모 50km의 활성단층이 존재한다고 전문가들은 말한다. 그럼에도 불구하고 박근혜 정부는 제5차 전력수급기본계획을 통해 2024년까지 신규원전을 더 건설하고, 원전사업을 수출 산업으로 육성하겠다고 공표했다. 국내에서도 지금보다 더 큰 지진이 일어난다면, 일본처럼 더 이상 안전을 보장할 수 없다. 지난번에 일어났던 큰 지진은 경주시에서 14km 떨어진 곳에서 발생했고, 그곳에서 월성원전까지 28km밖에 되지 않는다. 만약에 강도 높은 지진이 더 일어났다면, 원전에 직접적인 타격을 가할 수 있고, 전력수급으로 인한 정전(停電)은 사소한 걱정거리에 불과하다. 한국수력원자력(주)은 지진 규모 6.5~7.0까지 견딜 수 있는 내진설계가 되어 있기 때문에 안전하다고만 앵무새처럼 반복해서 말한다. 하지만 그 내진설계에 대한 엄밀한 원전의 평가가 더욱 필요한 시점이다. 건설한 지 30년도 훌쩍 지난 원전의 경우에는 내진설계가 되어 있다고 할지라도, 더 이상 안전을 맹신할 수 없다. 따라서 현재 국내 원전이 '안전'을 자신하는 근거는 현실과 아주 동떨어진 얘기다.

사람도 젊은 나이에는 언제든 마음먹은 대로 뛰어다닐 수 있지만, 나이가 들면 조금만 빠르게 걸어도 숨이 차오고 관절이 여기저기서 삐걱거릴 수 있는데, 원전도 이와 마찬가지다. 정부와 지자체, 그리고 한수원은 시민환경단체와 함께 후쿠시마 원전사고를 반면교사로 삼아 국내 원전의 내진설계에 보다 정확한 기준을 반드시 적용하는 일부터 중지를 모아야 한다. 우리는 후쿠시마 원자력발전소의 폭발을 지켜보면서, 그리고 울산과 경주에서의 지진발생을 지켜보면서, 국내 원전의 철저한 내진설계를 위해 기초조사는 물론 기준강화의 절박함, 더 나아가 탈핵을 호소한다. 국민의 '안전'을 소홀히 한다면, 국가는 더 이상 필요치 않다.

《굿모닝충청, <목요세평>, 2016.09.08》

월평공원(도솔산) 민간특례 개발사업과 불통의 정치

대전시는 2020년 일몰제로 일부 공원의 기능이 해체된 후 난개발로 숲이 훼손된다는 이유로 민간특례사업을 진행 중이다. 2020년 7월 시행되는 정부의 '도시 공원 일몰제'는 1999년 10월 장기미집행 도시계획시설이 사유재산권을 침해한다는 헌법불합치 결정에 따라 2020년 7월이 되면 도시계획시설 결정일로부터 20년경과 시 공원에서 자동 해제되는 제도다. 도시공원 민간개발 특례제도는 장기미집행 도시공원을 해소하고, 사유재산권을 보장하며 도시공원확보를 위해 '도시공원 및 녹지 등에 관한 법률' 제21조의 2(도시공원 부지에서의 개발행위 등에 관한 특례) 근거한다. 이는 5만㎡ 이상의 도시공원을 민간공원 추진자가 공원부지 70%는 공원으로 조성해 시에 기부채납하고, 나머지 30%에 대해서는 주거 · 상업 · 녹지지역에 허용되는 시설을 할 수 있는 제도이다. 하지만 민간공원개발은 절차가 복잡할 뿐만 아니라 앞으로도 많은 행정절차가 남아 있다.

만약 공원일몰제 문제를 해결하지 못할 경우 향후 2020년 7월 이후에는 1인당 도시공원면적이 현저히 줄어들어 사회적으로 심각한 도시환경 문제가 발생하게 된다. 대전시는 21곳의 미집행시설 중 8곳에서 개발이 추진된다. 이 가운데 월평근린공원(갈마지구) 등 5곳은 현재 심의 중이고 3곳은 협의 과정에서 무산됐다.

최근 도시 녹지는 그린벨트법이 완화됨으로 인해 일부 권력층의 편법 이용으로 점점 더 줄어들고 있으며 우리에게 깨끗한 공기, 환경권을 제공할 수 없는 단계에까지 이르게 되었다. 지금 150만 대전시민의 허파인 월평공원의 환경권이 심각하게 훼손될 위험에 처해 있지만, 정작 갈마동에 살고 있는 주민들은 대전시에서 어떤 사업이 진행되고 있는지 제대로 모르고 있다. 대전시는 충분한 설명이나 의견 수렴을 하고 있지 않을 뿐더러 독선과 독단으로 주민들의 반대요구를 무시한 채 민간특례사업을 강행할 태세를 보이고 있다.

지금껏 월평공원을 찾는 시민들은 꾸준히 증가해 왔다. 월평공원에는 도솔산(봉)이라는 120만평에 달하는 산이 있고 월평산성과 내원사, 주거지역과 연접해 있으며 수십 갈래의 등산로가 구석구석 뻗쳐져 있다. 그래서 월평공원은 인근 대전시민의 자연스런 생태자연 체험장이나 체력단련장, 휴식처인 셈이다. 특히 도솔산은 생태적 가치와 주민들의 주거환경에 많은 영향을 미친다. 도시공원은 우리의 삶을 살아가는 원천이며, 인간다운 삶의 필요요건이다. 왜냐하면 도시공원은 우리 삶에 가장 필수적인 공공재이기 때문이다. 도시공원은 공공재로서 구성원 모두가 소비혜택을 당연히 누릴 수 있어야 한다. 그래서 공공재인 도시공원에 어떤 문제가 발생한다면, 공공성에 입각하여 각계각층의 의견수렴이 요구된다. 한 국가의 구조를 파악하기 위한 중심 개념은 공공성이며, 그 공공성은 사회구성원이면 누구나 공개적으로 참여할 수 있는 사회생활의 영역이다.

대전 상수도민영화 갈등 교훈을 생각하면 우선 대전시는 지역주민들과 솔직하게 대화하고 정보제공을 투명하게 해야 한다. 그래야 해법이 보인다. 지난 2016년 10월 내내 대전시가 추진했던 '상수도 고도정수처리시설 민간투자 사업(BTO)'을 둘러싼 논란이 있었고, 이에 대전시 권선택 시장은 철회한 바 있다. 이는 대전시가 지난해 5월부터 민간투자를 제안 받고도 민간투자법상 비밀 보호라는 이유로 1년 넘게 철저히 비밀로 했기 때문에 논란이 발생했었다. 지금 월평동 민간공원 특례사업도 주민들의 의사를 묻지 않고 일방적으로 추진하는 행태는 그 이전과 크게 다르지 않다. 월평근린공원 개발행위 특례사업의 목적은 무조건적 개발이 아니라 도시생태공원 유지라는 큰 원칙에서 사유재산권을 보장해 주어야 한다. 현재 민간개발 추진 중인 월평공원은 도심 내 위치한 공원으로서 환경 · 교통 · 재해영향평가, 각종 위원회 심의, 주민 의견 수렴 등을 통해 환경파괴를 최소화해야 한다. 이는 위기에 처한 도시 숲을 지켜야 할 인간의 의무이자 책임이다. 따라서 지역주민과 일체의 협의 없는 일방적 결정은 대전의 환경수용력과 도민 삶의 질을 무시한 개발독재시대의 발상이나 다름없기에 재고해야 마땅하다

《굿모닝충청, <목요세평>, 2017.02.23.》

대전 상수도 민영화와 신자유주의의 망령

현재 대전시가 추진하고 있는 '상수도 고도정수처리시설 민간투자 사업(BTO)'을 둘러싼 논란이 갈수록 확산되고 있다. 시의 상수도 민영화 논란은 지난 2015년 포스코 컨소시엄의 고도정수처리시설 민간투자 의향서 제출에서 비롯됐다. 대전시가 지난해 5월부터 민간투자를 제안 받고도 민간투자법상 비밀 보호라는 이유로 1년 넘게 철저히 비밀로 했기 때문에 논란이 한층 불거졌다. 여기서 BTO란 민간이 시설을 건설하고 일정기간 직접 시설을 운영해 민간사업자가 사업에서 직접 수익을 거두는 방식이다. 예컨대 고속도로, 교량, 터널 및 기타 환경시설(하수처리장, 하수관거, 폐기물처리시설 등)에 광범위하게 적용한다. 또한 고도 정수처리시설은 일반정수처리시설로는 처리가 어려운 맛, 냄새 및 소독시 발생되는 부산물 등을 처리하는 것이다.

지금 국민의당을 비롯해 대전지역 70여개 시민사회단체

들로 구성된 '사회공공성강화 민영화 저지 대전공동행동'이 꾸려져 시의 사업에 반대 입장을 표명해 오고 있다. 고도정수처리시설의 총 사업비는 1,674억원 가운데 민간은 70%인 1,172억원, 30%인 502억원은 대전시가 부담한다. 또한 실질수익율 1.6%를 적용해 대전시가 25년간 민간기업에 운영 관리비 명목으로 1,633억원을 지급하는 구조이다. 특히 준공 후 사업자에게 시설투자비와 운영관리비 명목으로 연간 60여억원씩 25년간 지급하기로 되어 있다. 하지만 이는 전적으로 국가재정사업으로서 낙동강권인 부산, 대구, 울산과 한강권인 서울 등이 완료했다. 동일한 방식으로 인천, 광주는 추진 중이며, 대전시 역시 송촌정수장 1단계 사업을 완료한 바 있다. 대전시는 월평정수장과 송촌정수장에 고도정수처리 시스템을 도입키로 하고, 현재 제안형 민자투자사업 절차를 밟고 있는 중이다.

대전시는 상수도 민영화가 아니라 민간위탁이라 애써 강변하고 있지만, 민간기업에게 고도정수처리설의 운영권을 맡은 사례가 지금껏 없어 논란은 점차 커질 수밖에 없다. 이번 사업이 민영화인지, 아니면 단순한 민간위탁사업인지 하는 논의는 말장난에 불과하다. 민영화든 민간위탁이든 이는 경제의 자본논리에 근거하기 때문에 지방정부의 공공성과는 거리가 한참 멀다. 잘 알려져 있듯이, 민영화는 신자유주의를 그 근간으로 한다. 지난 1990년대 들어 신자유주의는 미국의 호황을 등에 업고 세계 각국에 시장개방과 자본의 자유로운 활동을 위한 각종규제의 철폐로 나아간 바 있다. 이러한 시장에 대해 신자유주의는 각종 정부규제의 철폐를 요구했고, "작은 정부, 큰 시장"이라는 구호를 내세웠다. 신자유주의는 노동조합도 부정적으로 보고, 재정정책도 결과적으로 비효율성을 낳는다며 정부의 기능을 극소화할 것을 요구한다. 그런데 시장개방을 받아들이고 신자유주의 정책을 실행했던 국가들은 이런 정책을 저성장과 고실업의 문제를 해결하는데 오히려 빈곤의 악순환만을 가중시켰다는 비판에 직면해 있다. 예컨대 볼리비아나 동유럽의 경우 IMF의 지원을 받아 상수도를 민영화한 뒤 수돗물 가격이 300% 이상 올랐다. 또한 서유럽, 미국등도 민영화를 추진했다가 영국 100%, 프랑스 150%, 미국 59%의 요금 인상으로 공공이 다시 환수해 운영하는 추세다. 특히 프랑스 파리의 경우는 시장의 의지로 민영화된 상수도 사업이 공공이 인수한 이후 연간 500여억 원의 이윤을 남기며 민영화의 문제점을 지적한다.

지금껏 신자유주의는 우리 사회의 공공성(publicity/Öffentlichkeit)을 갉아먹어 왔다. 모두의 안전과 행복을 위한 핵심 공공 영역의 갈취, 그 결과는 4.16세월호 참사에서도 보았듯이, 사람들의 떼죽음이었다. 자본을 게걸스레 사유화하고, 국가와 지방정부는 규제완화를 통해 그 해체를 조장해 오지 않았는지 되돌아 봐야 한다. 한국은 지난 2010이후 OECD 34개국 회원 중 공익성과 공공성이 33위, 공개성이 29위, 공민성이 31위로 최하위 권을 맴돈다. 국가의 구조를 파악하기 위한 중심 개념은 공공성이다. 공공성이란 사회구성원이면 누구나 공개적으로 참여할 수 있는 사회생활의 영역이며 이러한 공공성을 수용하고 있는 사회가 다름 아닌 시민사회인 것이다. 무릇 물은 인간생명의 원천이며, 인간다운 삶의 필요요건이다. 그래서 물은 우리 삶에 가장 필수적인 공공재로서 지난 2008년 이명박 정부에 의해 수돗물 민영화를 시도했다가 온 국민의 반대로 철회되었던 것도 이러한 물의 성격 때문이다. 또한 필수 공공재인 수돗물을 민영화 할 경우 이는 수도요금의 인상은 물론 수질 악화로 치달을 수 있다. 모든 대전시민이 어떠한 걱정도 없이 값싸고, 안전하며 깨끗한 물을 먹고, 이용할 수 있어야 한다.

이는 국가와 지방정부의 기본책무다. 대전시는 밀실에서 추진해 왔던 이번 사업을 즉각 중단하고, 시민들과의 소통을 통해 새롭게 상수도 기본계획을 수립하고 추진해야 한다. 수돗물은 국가차원 또는 지방정부 차원에서 관리되어야 하며, 경제적인 논리로 접근해서는 더 더욱 안 되는 사안이다. 경제논리의 접근은 공공의 이익이 아닌 이윤추구와 부합하기 때문에 민영화나 다름없다. 따라서 대전시에서 이러한 수돗물의 민영화추진은 공공의 이익에 대한 기본적인 인식, 시민들의 기본 권리에 반하는 것이기 때문에 중단해야 하는 것이 맞다.

《굿모닝충청, <목요세평>, 2016.10.27.》

대전시 한국원자력 연구원의 방사성폐기물과 안전 불감증

대전시 유성구 덕진동에 위치한 2007년 3월 한국원자력 연구원(이하 원연으로 약칭)은 명칭을 변경하여 지금껏 운영해 오고 있다. 지난 1985년 서울 공릉동에 있던 한국원자력 연구원은 대덕연구단지가 있는 곳으로 이전해 왔다. 서울 공릉동 원연이 해체되면서 발생한 중저준위 방사능폐기물은 현재 서울 공릉동과 대전 원연에 임시 보관중이다. 아직도 보관중인 이유는 경주 방폐장 입고 기준에 미달되어 경주로 이송되지 못한 채 이송논의만 무성하게 진행 중이다.

지난 2017년 5월17일 시에 따르면 권선택 시장은 원자력 시설 안전성 대전시 시의회 검증단 등과 함께 경북 경주에 있는 대전지역 방사성폐기물을 최대한 빠른 시일 내에 방폐장으로 이송하는 문제를 협의한 바 있으나, 여전히 불투명하다. 즉, 중저준위 방사능폐기물(원전 내에서 사용된 작업복, 장갑, 부품 등은 방사능 함유량이 미미한 방사성 폐기물) 이송이 불투명하다는 것이다. 지난 2015년 원연이 발표한 자료에 의하면, 2030년까지 연간 1천 드럼씩 경주방폐장으로 이송할 계획을 갖고 있다. 장기보관 중인 1만4800드럼도 포함되어 있지만, 한해 원연에서 발생하는 방사능폐기물이 500드럼임을 감안하면, 이송 계획은 여전히 현실적이지 않다. 원연은 연간 1천 드럼씩을 방폐장으로 옮기겠다고 했지만, 이마저 실행이 불투명하고 연간 1천 드럼으로는 수십 년이 걸려 "실효성 없는 계획"이라고 검증단이 평한 바 있다. 원연이 원자력 진흥 관련 사업만 주력하고 150만 대전 시민의 안전은 뒷짐을 지고 있다는 증거이기도 하다.

지난 2016년 11월, 내부 고발로 세상에 알려진 원연의 중저준위 방사성폐기물의 무단 · 불법폐기 문제는 핵시설의 안전성에 대한 시민들의 걱정을 지금껏 증폭시키고 있다. 방사성폐기물 보관을 목적으로 건설된 경주방폐장에 6136드럼이 보관되어 있는 것과 비교하면, 대전이 5배나 더 많다. 이것은 무려 3.3톤에 이르는 양으로, 지진과 같은 기후변화로 인한 불의의 사고가 발생하면 후쿠시마 원전사고에 버금가는 방사능 누출이 우려된다. 150만 명 이상이 거주하는 대전광역시 한복판에 전국 2위 수준의 방사능폐기물을 보관하고 있지만, 관리는 허술하기 짝이 없다. 실제로 지난 2017년 4월 4일 권선택 대전시장이 밝힌 현재 대전에 보관하고 있는 방사성 폐기물량은 중 · 저준위 방사성폐기물 보관량은 2만 9천드럼이고 이중 1

만 9천 326드럼은 원연에 보관 중이라고 밝혔다. 사용후 핵연료인 폐연료봉 1390개와 손상 핵연료 309개가 보관되어 있다는 사실이 최근 알려지면서 대전시민들의 불안감은 가중되고 있다. 약 3만 드럼에 가까운 중저준위 폐기물 관리에 폐기물을 여전히 임시시설물인 일반 임시 건물에서 보관하고 있는 것도 심각한 문제다. 또한 방사성 폐기물이 다량 보관되어 있는 원연으로부터 반경 수 km 밖에 떨어지지 않는 아파트단지에 거주하고 있다. 원연이 대전지역에 거주해 있고 여기에 연구목적 원자로가 가동 중이라는 것은 전문가들만이 아는 더 이상 비밀스런 사안이 아니다. 그동안 원연은 방사성폐기물에 대해 비밀주의에 붙여 '그 수량이 매우 적고, 연구목적이기 때문에 큰 위험성이 없을 것'이란 막연한 인식이 지배적이었다.

지난 문재인 대통령의 공약 중 "제가 집권하면 대전에 보관된 방폐물을 반출하고 정보도 투명하게 관리하겠다"고 약속한 바 있다. 무엇보다 "원자력 안전 문제의 핵심은 정보의 투명성"이기 때문에 더 높은 수준의 원자력시설의 강도 높은 검증과 안전대책 마련은 시급하다. 따라서 원연은 지금껏 형식적인 시설 위주, 절차 위주의 검증으로 원인 규명이 제대로 이루어지지 않고 있으며, "연구원 측이 내부자 감사에만 의존, 원인 규명 의지가 부족하여 철저한 원인 규명과 구체적 실행 대책 제시가 필요하다"는 최근의 검사단에서도 진단을 내렸다.

실천적 지식인 故이영희 교수는 『반핵』, 창작과 비평사(1988)에서 우리 남한 국민은 너나할 것 없이 사무(四無), 삼과(三過)에 빠져 있다고 개탄한 바 있다. 핵에 대해 무지하고, 무관심하고, 무감각하고 무민족이다. 핵에 대해 인간이성을 과신하고, 기계의 정밀성을 과신하고, 군사력을 과신한다. 따라서 핵 문제는 지금 안전한가도 중요하지만, 항구적으로 안전한가가 더욱 중요하게 되었다. 그렇다면 원자력 및 그에 준하는 핵폐기물을 옹호내지 방치한다면, 그에 대한 책임은 누가 져야 하는가?

《굿모닝충청, <목요세평>, 2016.10.27.》

보금자리의 파괴, 그리고 죽음의 강

올 7.8월 들어 연일 30도 이상의 폭염이 전국을 강타하고 있다. 낮에 달궈진 열이 밤사이 충분히 냉각되지 못하면서 나타나는 열대야가 지속되고 있다. 이처럼 한반도에 폭염이 기승을 부리는 원인은 북태평양 고기압 영향권에 들면서 남쪽으로부터 덥고 습한 공기가 유입된 데다 낮 동안 강한 햇볕으로 기온이 크게 올랐기 때문으로 전문가들은 분석한다. 이젠 지속되는 폭염으로 인해 낙동강, 금강 등에 녹조가 확산되면서 우리가 매일 마시는 식수까지도 위협받고 있다. 계속되는 폭염의 기세에 사람만 견디기 힘든 것이 아니다. 생명의 젖줄인 강물도 여기저기서 비명을 질러대며 신음하고 있다. 현재 4대강 가운데 한강을 제외하고, 금강과 낙동강, 영산강에는 녹조 확산에 따른 수질예보가 발령되어 있다. 특히 낙동강의 경우 4대강 사업으로 수중생태계 변화에 물고기들은 본능적인 반응을 보여 왔다. 낙동강 중상류, 그리고 대전 · 세종 · 청주권 시민의 취수원인 대청호를 넘어 금강 일대까지 녹조가 확산되면서 금강수변의 생태계도 점차 위협받고 있다. 4대강 사업 이전의 금강은 이젠 온통 연둣빛 물감으로 물들었다. 백제보, 공주보, 세종보 등 이명박 정부의 4대강 사업으로 건설된 보 주변에서는 어김없이 두꺼운 층의 녹조가 넘실거린다.

대전환경운동연합, 대전녹색연합 등 환경시민단체는 금강 일대의 녹조 면적이 해가 갈수록 늘어날 것이라 우려한다. 그 이유는 녹조확산에 가장 큰 영향을 미치는 환경조건중 하나가 기온이기 때문이다. 특히 물 순환이 제대로 안 되는 정체수역은 녹조에 더욱 취약하다. 금강에는 지난 이명박 정부의 4대강 사업으로 세종보, 공주보, 백제보 등 수중보 3개를 설치하여 그동안 유유히 흐르던 물길을 억지로 차단했다. 이 가운데 백제보의 녹조 상태가 가장 심각하다. 최근 백제보의 남조류 세포수는 2만 2천 5백30셀, 공주보 5천 4백 26셀과 세종보의 738셀에 비해 4배에서 30배나 많다고 한다. 이렇듯 백제보는 수질예보 관심단계 기준인 1만셀을 두 배 이상 초과했다. 따라서 4대강 사업으로 인해 강물의 흐름이 사라진 금강이 하루가 다르게 죽음의 강으로 변하고 있는 것이다.

잘 알려져 있다시피, 생태학에서 생태(eco)라는 말은 그리스어의 오이코스(oikos:경제)와 로고스(logos:학문)의 논리를 그 어원으로 한다. 오이코스는 "다스린다"라는 의미의 집을 의미한다. 여기서 생태학과 경제학이라는 단어가 파생되었고, 그 의미는 "집에 관한 학문", "거처","서식지", "보금자리", 또는 "경영" 등을 함축한다. 그래서 오이코스는 "집에 대한 학문"이라 풀이한다. 가정에 해당하는 그리스어 오이코스나 라틴어 피말리아(familia)는 "자급자족의 경제단위"라는 의미가 훨씬 더 많다. 로마의 피말리아는 오늘날의 가정처럼 할아버지, 할머니, 아버지, 어머니, 나, 동생 등으로 구성된 집단이 아니다. 일정한 크기의 장원(莊園)처럼 경제적 자급자족이 가능한 단위에서 동일한 가부장의 권위와 지배 하에서 생계를 함께 해결하는 모든 사람의 집단을 일컫는다. 본래 이 말은 유기체와 환경 사이의 관계를 연구하는 학문을 가리켰다. 하지만 최근 생태학의 위력은 처음에 낯 설게 시작했던 때와는 사뭇 다르게 전개되고 있다. 좁은 의미에서 생태라는 개념은 "살아 있는 것들의 환경 또는 살아있는 것들과 그것들을 둘러싼 사이의 관계의 유형 또는 유기체들의 상호의존성에 관계하는 과학"을 말한다.

이렇게 생태학의 어원에서도 보듯이, 생태는 집, 보금자리, 서식지 등 살아있는 유기체들과 함께 관계하는 것을 의미한다. 이러한 우리의 집, 보금자리인 4대강이 더 이상 살 수 없는 죽음의 강으로 변하고 있는 중이다. 이제껏 대다수 국민들이 염려하고 우려했던 것처럼, 이명박 정부의 4대강 사업의 피해가 현실로 여실히 드러났다. 녹조는 정체된 수역에서 발생하는 것인 만큼, 일시적이고 부분적인 보의 개방이 아니라 보의 상시적 개방 혹은 전면개방을 통해 강이 다시 흐르게 숨통을 터줘야 한다. 궁극적으로는 금강을 비롯한 4대강에 설치한 보를 철거하는 것이 경제적, 환경적 요인을 위해서라도 4대강을 살리는 근본적인 길이다. 4대강이 충격적일 정도로 빠르게 훼손되고 있지만, 그동안 4대강 사업에 앞장섰던 그 누구도 국민 앞에 사과하는 책임자가 없다, 하루빨리 '4대강 사업 검증 및 인공구조물 해체, 재자연화를 위한 특별법안' 발의의 해당 법안통과, 그리고 4대강사업 책임규명을 위한 국회 차원에 청문회 실시가 동반되어야 한다.

《굿모닝 충청, <목요세평>, 2016.08.25.》

chapter
03

인권과 한국사회

인권과 인문학

지난 1960년대 중반 인도에서는 공산주의를 탄압하는 과정에서 50만 명이 넘는 민간이 학살되었다. 캄보디아에서는 폴 포트(Pol Pot)rk 이끄는 크메르 루즈(khmer Rouge) 정권에 의해 학살된 사람의 수가 30-200만 명까지 이르는 것으로 추정했다. 1970년대말 아르헨티나 군사정부 아래서는 9천명 이상이 실종되었다. 우간다에서는 이디 아민이 집권한 1972년- 1978년까지 25만명이 넘게 살해되었다. 이라크에서는 1980년대부터 10년간 수십만의 민간이 보안군에 의해 살해되었다. 엘살바르에서는 1980년부터 1992년까지 계속된 내전으로 인해 전체인구의 약 2퍼센트가 정치적 살인으로 추정된다. 르완디에서는 1994년 한 해 동안 50만명에서 100여만 명이 정부의 지시에 의해 살해되었다. 1980년대 전두환군사정부에 항쟁한 5 · 18 광주항쟁사망자는 모두 606명으로 추정된다. 이 가운데 165명은 항쟁 당시 숨졌고, 행방불명이 65명, 사망추정자는 376명이다.

이것이 전부가 아니다. 보스니아, 체첸, 동티모르 등 세계 곳곳에서 이와 비슷한 일들이 벌어졌다. 인권은 이러한 사건들이 어떻게 생각할 것인지에 대한 방법을 제시해 주는 개념이다. 그래서 인권의 근원은 다음과 같은 관점에서 대답할 필요가 있다. 첫째, 우리에게 인권이 왜 있는가? 둘째, 우리에게서 인권이 왜 있어야만 하는가? 또 다른 철학적 혹은 인문학적 질문은 인권이 다른 가치들과 어떤 관계를 갖고 있는가?

먼저 인권에 관한 논의는 인권개념의 분석을 필요로 한다. 철학 및 인문학은 이러한 개념분석을 이해하는 것을 목적으로 한다. 먼저 인권의 개념은 인간에게 태어날 때부터 부여되었다고 여겨지는 절대권으로서 전통적인 자연권의 개념에 그 유래를 둔다. 자연권의 개념은 그 자체로 완결된 것이 아니라 선행하는 자연법의 전통에 연결되어 있다. 이는 홉스, 로크와 같은 정치철학자로부터 전승되어 왔다. 하지만, 자연권을 자연법으로 유추하는 것이 타당한지의 여부는 여전히 이론의 여지가 있다. 자연법 전통에는 어떤 누구도 거슬릴 수 없는 인류보편의 상위질서관념이 드리워져 있다. 내용은 인류보편의 복리를 위해 세속적 정치질서가 여겨서는 안 되는 도덕률이 대부분이다. 자연권은 자연법질서를 전제로 출발한다. 자연권 사상은 자연법 전통에 함의되어 있다. 인권의 보편화된 개념 형태인 권리개념의 역사적 기원에서 드러난다. 인권개념은 권리개념을 거쳐 로마법 전통 올바름 혹은 정의(justice)를 의미하는 법, 권리 개념에 어원상 뿌리를 둔다. 인권이란 인간이란 이유만으로 향유해야 할 기본적인 권리를 말한다. 근대사회에서 인간해방의 의미는 중세 봉건사회와 기독교적 세계관으로부터의 해방을 뜻했다. 영국의 청교도 혁명, 프랑스대혁명, 미국독립혁명 등이 근대적 의미의 해방으로 평가된다. 그러나 시민혁명과 소유권 쟁취를 통해 질곡으로부터 해방된 인간은 제3신분인 부르주아로 국한되었다. 소유권에 기초한 사적 재산의 형성은 화폐의 도입으로 인해 경제적 불평등의 단초를 제공했다. 중세의 질곡에서 벗어난 이후에도 인간해방 사상은 자본주의 경제사회에 대한 비판의 계급 해방의 사상으로 발전하였고, 부르주아와 프롤레타리아의 새로운 갈등상황을 야기했다. 1832년의 영국의 선거법 개정이나 신흥자본가 계급과 노동자 계급간의 갈등은 제4신분의 권리투쟁이 소유권이 아닌 새로운 권리 중심으로 전개되었다. 예컨대 신흥계급은 선거권 쟁취 투쟁, 사회권을 요구했다. 시민혁명과 선거권의 제약은 시민계급이 선거권을 쟁취하기는 힘든 과정을 겪었다.

이러한 인권은 인문학과 어떤 관계를 맺고 있는가? 인문학의 어원은 로마시대 정치사상가인 키케로(M.T.C.Cicero)가 '자유롭게 태어난 인간들에게 가치가 있는 활동형태'라는 의미의 자유학예란 이름에서 나왔다. 키케로는 자유학예가 인간에 관한 연구라는 의미에서 Studia Humanitas라 명명했다. 여기서 인문학이라는 말이 생겨 났다. 그는 〈공화국〉에서 인간의 이성적이고 사회적인 본성, 보편적 자연법의 본성, 세계국가의 헌법으로서의 자연법을 말했다. 인문학과 인권은 키케로의 이러한 생각에서 기원한다.

그런데 우리가 일상생활에서 사람답게 살기 위해 당연한 권리라고 생각하는 인권이란 개념은 시민 불복종에서 나왔다. 이는 19세기 중반 소로(Henry David Thaerou)가 『시민 불복종』(1849)의 저서에서 처음 사용했다. 인간의 권리라는 표현도 프랑스 인권선언 원문에 나타나 있는 자연권droit natural)에 대한 번역어이다. 그래서 자연권과 인권은 같은 맥락이다. 페인(Thmos Paine)은 『인간의 권리』(1791)에서 "지금 우리의 권리는 의무의 선언이다. 나의 권리는 타인의 선언이기도 하다"고 말한다. 지금 대한민국은 시민불종운동이 2달 넘게 전국적으로 가열차게 전개되어 오고 있다. 주지하듯이 시민불복종의 중심에는 박근혜대통령이 자리잡고 있다. 박근혜 정권 4년 동안 우리 사회의 민주주의의 모든 가치들을 과거로 되돌려 놓았다. 역사의 퇴행에는 늘 희생자가 있다. 제주도 강정마을 주민들은 우리 사회의 가장 아픈 사람들이 되었다. 또 다른 중요한 이슈는 고공노동 농성자들이었다. 그 중 한 명은 지금도 차거운 감옥에 있는 한상균 민주노총 위원장이었다. 박근혜정권 내내 박근혜 대통령이 말한 유일한 인권은 북한 인권뿐이었다. 이제 "박근혜 정부에서 인권은 조금 후퇴한 게 아니라 인권이 아예 무시되는 상태"에 이르렀다. 거기서 멈추지 않고 온갖 탄압으로 일삼았다.

이제 박근혜와 그 정부는 이제 돌이킬 수 없는 루비콘 강을 건넜다. 대한민국은 두 달 넘게 그녀에 대한 "시민들의 불복종"운동으로 그간 잊고 있었던 시민들의 권리를 되찾고 있는 중이다. 그렇다. 지금 박근혜와 그 정권퇴진의 선언은 우리 시민의 권리이자 의무의 선언이다. 박근혜정권의 퇴진이 '인권'이 바로 서는 길이며, 새로운 대한민국, 우리 시민이 주인의 위치를 되찾는 길이 될 것이다. 따라서 우리의 시민혁명은 햇불처럼 꺼지지 않고 더욱 활활 타오를 것이다.

《대전충청인권연대, <전인권>, 2016.12.27.》

메이데이와 마르크스의 보편적 인권

지난 2018년 5월 5일은 마르크스(Karl Heinrich Marx, 1818-1883) 탄생 200주년이었다. 그리고 지난 5월 1일은 메이데이(May day), 세계 노동자의 날이었다. 노동자의 날은 마르크스주의의 제2인터내셔널(Second International) 국제기구에서 유래한다. 제2인터내셔널은 1889년 7월 14일 프랑스 파리에서 마르크스주의를 이론상 근거로 하여 광범위하게 발전해 온 사회주의운동을 배경으로 성립했다. 여기서 제2인터내셔널은 1889년 대회에서 5월 1일을 노동절로, 1910년 대회에서 3월 8일을 세계 여성의 날로 선포했고 하루 8시간 노동제 실시를 요구하는 국제 캠페인을 광범위하게 일으켰다.

이러한 노동절의 배경은 마르크스의 보편적 인권, 즉 사회권의 이론에서 나왔다. 사회권은 17~18세기의 시민혁명들이 노동자계급과 여자들을 열등한 시민으로 취급했다. 그리고 지나간 수많은 혁명의 성과로부터 여성을 배제했다는 비판에서부터 출발했다. 즉, 사회권은 18세기의 시민혁명, 보통선거권, 사회보장과 복지, 노동과 직업의 권리, 건강과 쾌적한 생활의 권리, 교육권 등을 보장함으로써 경제적, 사회적 평등을 구현하고 이를 통해 인간의 존엄과 인격의 가치를 구현하는 노력이 필요하게 되었다. 홉스(Thomas Hobbes)의 자연 상태에서 만인대 만인의 투쟁, 로크의 사회계약으로 인한 저항권의 인정, 루소의 인간불평등비판, 칸트의 인간의 존엄성, 마르크스의 사회주의 이념 등은 인간의 권리와 자유를 바라보는 시각을 현실적 삶의 수준으로 맞추었다. 이렇게 사회권은 기존의 시민법상의 인간관을 전제로 하여 이를 보충하는 형태로 전개되었다. 이제 사회권은 시민권의 일부로 받아들이면서 평등의 원리에 대한 중대한 변화가 일어났던 것이다. 이를테면 불평등의 완화를 위해 사회권이 등장한 것이다. 그리고 점차 그 정당성이 확인되면서 교육과 의료 등 사회복지에서 핵심적인 문제들에 대한 불평등을 없애자는 주장이 제기되었고 사회권은 불평등에 대한 비판으로 확대되었다.

마르크스의 사회권은 정치적 해방을 가능하게 했지만, 경제적 영역에서의 불평등에 눈감으로써 사회적 해방, 인간 해방으로까지는 나가지 못했다. 정치적 공동체에서 시민의 권리는 보장했지만, 그것은 경제적 영역을 사회적 통제로부터 벗어나게 했다. 결국 경제적 불평등은 정치적 영역에서의 권리

보장을 무력하게 만들었다. 인권은 소유권 이론에 기초해 있으며 그 당시 제한선거를 인정하여 참정권의 범위를 한정시켰다. 또한 인권은 소유권의 축적을 가능하게 함으로써 불평등을 유발하기도 했다.

이렇게 근대적 사회권은 마르크스로부터 시작됐다. 사회적 존재(Gattungswesen)로서의 인간과 자기소외라는 마르크스의 개념이 그의 초기 《경제학-철학수고》(1844), 《독일 이데올로기》(1845)를 비롯한 저서에서 중심을 차지하고 있었다. 사회적 존재로서의 인간이란 이 세상의 처음부터 끝까지 타인 없이는 살아갈 수 없고, 타인과 더불어 살아가는 사회적 존재를 말한다. 개별적 인간으로 사회적 존재가 될 경우에 인간은 고유한 힘을 사회적 힘으로 인식하고 조직하게 된다. 이러한 사회적 힘이 정치적 형태 안에서 분리되지 않았을 경우에 인간 해방이 완성된다. 따라서 인간은 함께 노동함으로써 새롭게 생명을 발현시키는 사회적 존재가 된다. 여기서 사회란 인간 상호간의 생산 공동체다. 이러한 인간과 사회관은 자본주의 사회의 이기적인 인간상과 이기적 인간관의 문제 때문에 발생하는 빈곤문제를 극복하고 분열된 시민사회를 넘어서는 것이다.

이렇게 마르크스는 사회권, 즉 "보편적 인권"을 어떻게 취득하고, 타인을 어떻게 인정할 수 있는가에 많은 고민을 한다. 마르크스는 보편적 인권사상을 《유대인의 문제에 관하여》

(1844)에서 다음과 같이 말한다.

> 인권사상은 기독교 세계에서 지난 세기에야 비로소 발견되었다. 인권사상은 인간에게 선천적인 것이 아니다. 인권사상은 오히려 인간이 지금까지 훈육 받은 역사적 전통에 대한 투쟁을 통해 획득된 것이다. 그래서 인권은 자연의 선물이 아니며, 지금까지의 역사가 우리에게 쥐어준 지참금이 아니다. 오히려 인권은 탄생의 우연에 대한 투쟁을 통해, 그리고 세대를 걸쳐 역사가 지금까지 남겨둔 특권에 대한 투쟁을 통해 획득한 대가이다. 인권은 교양의 산물이다. 인권은 그것을 스스로 획득하고 누릴 자격을 갖춘 자만이 소유할 수 있다.

마르크스는 보편적 인권, 곧 사회권이라는 것은 시민사회의 구성원 이외에 아무것도 아니다. 흔히 보편적 인권이란 인간 및 공동체로부터 분리된 이기적인 인간의 권리이외에 아무 것도 아니며 투쟁을 통해 쟁취할 수 있다고 말한다. 마르크스의 사회권은 노동력 상품이라는 특수성을 반영하여 독일의 바이마르헌법에서 처음으로 헌법으로 규정되었다. 바이마르헌법은 노동과 자본의 공동원리에 따라 노동자층의 대표로서 노동조합이 승인되고, 단결권은 무조건 승인되었다. 바이마르헌법 제159조는 "노동 및 경제조건을 유지하고 촉진하기 위한 결사의 지유는 모든 사람과 작업에 보장된다. 이러한 자유를 제한하거나 저해하는 협정과 조치는 모두 위협이다." 사회권은 자유권의 전제조건이지만, 자유권이 제대로 보장되어야만 사회권에 대한 요구가 성립된다. 이러한 방식으로 양자는 서로를 지지하고 강화한다.

이러한 마르크스의 사회권은 1889년 제2인터내셔널이 창립되었고, 8시간 노동의 보장은 자본에 대한 노동의 승리이기도 했다. 사회권의 등장은 마르크스가 주장한 사회적 존재로서의 인간을 전제로 한 것은 아니었지만, 마르크스의 이념은 1917년의 러시아혁명을 통해 확인되었다. 인간다운 생활을 보장하려는 사회권은 자유권에 한정되었던 기존의 인권 개념을 확대했다. 기존의 고립된 단자적(單子的)인 개인적 인권이 사회공동체에 참여하는 구성원으로서 지금에 이르기까지 외연이 확장된 것이다.

《대전충남인권연대, <전인권>, 2018.05.08.》

인간의 존엄사란 무엇일까?

인간은 태어나면서부터 누구도 침해할 수 없는 존엄성을 갖는다. 이 존엄성에 따라 인간은 누구나 자유롭고 행복하게 살 권리를 갖는다. 살아가는 것이 인간의 권리이듯이, 죽는 것도 인간의 권리이자 본인의 자유이다. 죽음은 누구에게나 한번쯤은 찾아온다. 그리고 인간이라면 누구나 죽음의 고통 대해 두려움을 느낀다. 그래서 죽음의 순간에 고통 받지 않고 편안히 죽음의 길로 가는 것이야 말로 인간의 커다란 소망 중 하나일 것이다.

아무것도 할 수 없고, 아무것도 생각하지 못하는 상태에서 산소호흡기와 같은 현대적 의학시설에 의존하여 하루하루 살아가는 일이 과연 행복한 삶일까? 아니면 매일 고통 받는 말기 암환자들이나 불치병에 걸린 중병의 환자들이 죽음보다 더 하는 통증을 견뎌가면서 약물에 의존하며 온몸이 찢어질 것 같은 고통을 느끼면서 사는 것이 과연 인간의 존엄성을 지키는 것일까? 하루하루를 고통 속에 산다면, 과연 제대로 된 삶을 영위할 수 있을까? 회복될 확률은 거의 0%에 가까운데도 산소 호흡기와 약물에 의존하면서 사는 것이 과연 인간의 진정한 삶이라고 할 수 있을까? 회복 가능성이 없는 상태의 환자를 환자의 의견에 따라 인간다운 죽음에 이르도록 하는 것을 존엄사(death with dignity)라 부르고 있다. 이런 측면에서 인간의 존엄사란 인간으로서 지녀야 할 최소한의 품위를 지키면서 죽을 수 있게 하는 행위나 그런 견해를 일컫는다. 그래서 의사는 환자의 동의 없이는 원칙적으로 치료 행위를 할 수 없다는 것으로서 소극적(간접적) 안락사(euthanasia)라고도 부른다. 여기서 안락사는 어원적으로 '수월한 죽음(an easy death)'을 의미한다.

그러나 오늘날에는 치유될 수 없는 질병으로 큰 어려움을 겪고 있는 사람의 고통을 덜어주기 위해 그를 죽음에 이르게 하는 것을 뜻하게 되었다. 대부분의 의사들이 보여주는 안락사에 대한 도덕적 태도는 적극적/소극적 구별에 방향에 맞추어 왔다. 그에 따라 죽어가는 생명을 연장하지 않는 것이 도덕적으로 허용하지만, 죽어가는 사람을 적극적으로 살해하는 것은 허용하지 않는다. 안락사에 대한 적극적/소극적 구별에 대한 논의는 지난 1980년에 미국의 철학자 제임스 레이첼스의 논문을 통해 제기되었지만, 그 찬반논의는 여전히 진행 중이다. 최근에는 환자를 아름답고 고통 없게 죽을 수 있게 해주는 것이야 말로 인간다움을 지키게 해줄 수 있는 일 중 일부이기 때문에 소극적 안락사는 허용되어야 한다는 웰 다잉(잘 죽은 것:well-dying)의 관점이 탄력을 받고 있기도 하다. 이런 여러 가지 상황들을 살펴보았을 때, 합리적으로 생각하면 소극적 안락사는 허용될 수 있다.

인간에게는 누구나 자유의지가 있다. 자신이 한 행위에 책임을 진다는 전제하에 인간은 누구나 자신의 행동을 자신의 판단에 따라서 결정할 수 있는 권리가 있다. 예컨대 환자가 극심한 고통 때문에 혹은 더 이상 희망이 없어서 라는 등의 이유로 소극적 안락사를 선택했다면, 주변인들은 존엄성을 지닌 한 사람의 인간이 자유의지로 내린 판단이므로 존중해 주어야 한다. 종교적 이유 등으로 이를 막으려는 것은 환자의 의견을 무시하여 누구나 갖고 있는 자유의지를 침해하는 행위이며, 자신의 가치관을 상대에게 무조건 강요하는 자비를 가장한 폭력일 수 있다. 우리는 인간이기 때문에, 비참한 모습을 다른 사람들에게 보이고 싶어 하지 않는다. 고통 속에 있는 환자가 죽을 때까지 신음하는 모습을 가족들과 주위 사람들에게 보이면서 생을 마감하고 싶을까? 또한 그 환자는 죽기 직전까지 그 고통을 받으며 죽어가고 싶을까? 죽음직전에 이르기까지 받는 고통은 이루 말할 수 없을 정도이다. 하지만 소극적 안락사를 시켜줌으로써 환자는 편안히 그리고 아름답게 생을 마감할 수 있다.

즉, 인간으로서의 품위를 지켜가면서 죽는 가장 이상적인 죽음을 맞을 수 있다.

환자가 오래 동안 앓는다면, 남은 가족들도 그 환자 때문에 많은 고생을 해야 한다. 심리적 고통 뿐 만 아니라, 그 환자에게 들어가는 적지 않은 치료비와 의료진의 비용들은 이루 말할 수 없다. 이렇게 시간이 계속 흐른다면, 가족들에게 금전적 부담이 가정경제에 커다란 부담으로 다가올 것이고, 그 가족들의 생활에도 많은 문제가 생길 수도 있다. 그래서 소극적 안락사를 시킴으로써 금전적 문제를 줄임으로써 남은 가족들의 경제적 부담을 덜 수도 있다. 만약에 존엄사를 수용한 환자들이 본인이나 가족들에게 장기기증 문제에 대해 수락을 했다면, 그들이 소극적 안락사를 당함으로써 그들의 장기가 꼭 필요한 사람들에게 전달 될 수 있다. 결국, 장기기증을 통해 다른 사람의 생명을 살릴 수 있는 이점을 지니고 있다.

모든 사람들의 운명은 자신들의 손에 달린 것이다. 자신의 운명은 스스로 결정할 수 있어야 한다. 자신의 병으로 인해 육체적 심리적으로 매우 고통을 받고 있는 상태라면, 그것을 견디지 못하고 자기 스스로 죽음을 선택할 수 있다. 환자가 소극적 안락사를 원한다면, 무조건 안 된다고 하지 말고 허용해 줄 수 있도록 고려해 보아야 한다. 그것은 그 환자 본인의 삶이며 죽음이고 스스로 결정한 것이기 때문이다.

존엄사를 하는 것은 사람이 최소한 편안하게 죽을 권리이다. 인공호흡기를 비롯해 생명유지 장치에 의존해 생명을 연장하는 그들의 삶은 과연 행복하기만 할까? 죽지 못해 살고 있는 그런 그들의 목숨을 생명은 소중하다는 이유를 내새워 품위 있는 죽음을 선택할 권리를 빼앗는다면 그것은 잘못된 것일 수 있다. 또한 고통스러워하는 환자를 보며 같이 고통스러워할 가족과 그를 보살펴야 할 시간과 노력, 치료가 불가능 함에도 불구하고 치료비와 병원비의 부담은 너무나도 크다.

소극적 안락사를 하는 것에 도와준 의사는 살인 행위라고 말할 수 있지만, 살인이란 당사자가 죽음을 원치 않는데 강제적으로 목숨을 빼앗아가는 행위이다. 본인이 간절하게 원하고 가족의 동의가 있다면, 그것은 살인행위가 아니라 환자의 안식을 도와준 '수단'이라는 도구에 불과한 것이다. 죽음보다도 더 괴로운 삶, 그들에게 우리가 할 수 있는 일이 무엇일까? 위로의 편지? 불우 이웃 돕기 운동으로 모은 성금? 생을 인간답게 마무리 짓고 가족들에게 도움을 줄 수 있는 안락사. 그것이 최후의 선물 일 수 있다. 여기서 인간의 생명은 신 이외에 어느 누구도 간섭할 수 없고, 인간의 존엄성을 무시하는 것이라고도 할 수 있다. 물론 인간이 인간을 죽이는 일은 정당화 될 수 없다. 하지만 소극적 안락사는 살인행위이라고 하기 보다는 한 사람의 안식을 돕는 행위라고 생각 할 수 있다. 한 생명은 중요하지만, 그 사람의 고통을 덜어주는 것 역시 그 사람의 삶과 생명을 존중하는 일이며 때에 따라 필요할 수도 있다. 또 인공호흡기를 비롯한 기계에 의존해 생명을 연장시키는 일 역시 자연의 섭리를 벗어나는 일이 아닐까?

《대전충청인권연대, <전인권>, 2017.09.05.》

동성애의 권리란 무엇일까?

지난 2017년 4월 25일 TV대선토론회에서 자유 한국당 홍준표 후보는 민주당 문재인후부에게 군부대에서 발생하는 동성애에 대한 의견을 물었다. 즉 홍 후보는 문 후보에게 군부대에서의 동성애를 반대하느냐라는 단도직입적인 질문을 했다. 이 질문에 대해 문 후보는 동성애 반대 입장을 밝혔고, 그 대선토론 방송 발언이후에 문재인후보는 시민인권단체로부터 엄청난 반발에 시달렸다. 그러면 동성애에 대한 논란이 동서양을 막론하고 끊이지 않는 이유는 무엇 때문일까? 동성애의 사회적 관심이 고조된 계기는 어디서부터 일까? 또한 동성애의 정체성은 어디에서부터 나올까?

동성애에 대한 사회적 관심이 고조된 결정적 계기는 1969년 6월 미국 뉴욕가의 스톤월(Stonewall) 폭동 사건에서 기인한다. 여기서 스톤월은 뉴욕 중심가에 있는 게이 전용 술집인데, 일반 시민들이 레즈비언을 연행하는 경찰을 돌멩이로 공격하면서 폭동이 시작되었고, 그 다음날 2천명을 넘는 동성애자들이 가담하였다. 이 사건을 계기로 동성애자들의 존재는 언론은 물론이고 일반인들의 관심사로 자리 잡았으며, 동성애자들은 인권 회복 운동을 조직적으로 전개했다. 그래서 그들은 커밍아웃(coming-out)이라는 자신들의 성적 정체성에 대한 적극적 행동을 통하여 취업 · 결혼 · 군복무에서 이성애자들과 동등한 법률적 권리를 요구했다. 이와 같이 동성애자들이 사회의 한 일원으로 자신들의 권리를 찾기까지는 역사적으로 아주 힘든 여정이 있었다. 즉 그들은 때때로 종교적 차원에서 신을 모독하는 존재로, 사회적 차원에서 때때로 극악한 범죄 행위자로, 의학적 차원에 때론 정신병적 성도착증 환자로 치부되어 철저하게 탄압을 받아 왔다.

동성애는 동성 사이의 육체적인 성적 접촉이나 결합이 아니라 자신의 성적 정체성을 바탕으로 동성에 대한 지속적이고 자연스러운 애정 관계를 전제로 한다. 동성애는 남성의 성 정체성을 가지고 남성을 사랑하거나 여성의 성 정체성을 가지고 여성을 사랑하는 것으로, 총체적인 인간관계에 관심이 집중된다. 이러한 동성애는 많은 사람들에게 이성 사이의 성적 지향이 과연 정상인가라는 의문을 갖기도 하고, 인간의 성적 활동 범위에 대한 이해를 더욱 불확실하게 만들기도 한다. 이 때문에 기존의 가치체계는 동성애를 일종의 병이라는 과학적이고 의학적인 담론에 근거하여 도착적이고 부도덕한 성적 행위로 규정짓고 있다. 이것에 힘입어 사회의 다수를 차지하는 이성애자들 중의 많은 사람들은 지금도 여전히 동성애를 성적 성향의 장애로 간주하고, 동성애자들을 성적 변태이자 정신적 질병을 가진 사람들로 받아들이고 있다.

그러면 우리 사회가 동성애를 이와 같이 도착적이고 부도덕적인 성적 행위로 받아들이려고 하는 이유는 무엇인가? 현대사회는 우리에게 여전히 각자 성에 고정된 역할 개념의 전제하에 오직 자신과 다른 성만을 선택해야 한다고 요구한다. 예컨대 인간은 태어나면서 자아를 형성시킨다는 사회화의 관점에서 보면, 여성은 자신의 문화가 여성적이라고 규정해 온 기존의 가치나 규범을 내면화한다. 남성은 자신의 문화가 남성적이라고 규정해 온 기존의 가치나 규범을 각각 습득하고 내면화하게 된다. 말하자면 여성은 여성성을 획득하여 여성으로 거듭나며, 남성은 남성성을 획득하여 남성으로 거듭난다. 그러나 문제는 그러한 과정에서 각각의 사람들은 자신의 타고난 생물학적 성과 다른 성 정체성을 획득할 수도 있으며, 또한 자신과 동일한 생물학적 성에 대한 성적 지향(sexual orientation)이 일어날 수도 있다는 것이다. 일반적으로 사람들은 이러한 상태를 프로이트가 성도착의 한 현상으로 설명하기도 했지만, 동성애라고 부른다.

하지만 동성애자가 어떠한 경로로 동성애의 성향을 보이는가 하는 문제는 여전히 많은 논란이 있다. 그럼에도 불구하고 동성애는 대체로 생물학적으로 결정되었다는 선천성이라는 설(設)과 성장 과정의 결과라는 후천성의 설로 집중된다고 할 수 있다. 그렇다면 동성애의 성향을 결정짓는 것은 이 양자(兩者) 가운데 어느 쪽일까?

첫째는 태어나면서부터 동성애는 선천성이라는 설이다. 이는 동성애의 성향이 생물학적으로 결정되었다는 주장이다. 즉 이는 세포 유전학 · 내분비계 및 신경 해부학적 연구라는 과학적인 방법들에 의해서 정교하게 이루어졌다. 예컨대 미국 캘리포니아 솔크 생물학 연구소의 사이먼 리베이 박사는 남성 동성애자의 경우 여성에 대한 성충동을 지배하는 뇌의 특정 부위(성욕을 제어하는 영역인 시상하부, 즉 네 개의 시상하부의 간뇌(間腦 : 척추동물의 뇌의 한 부분으로 대뇌와 소뇌 사이에서 내장과 혈관의 활동을 조절하는 기관) 중에서 제 3의 간뇌)의 크기가 정상인의 절반 정도 밖에 되지 않기 때문에 뇌 구조상의 그러한 성적 선호가 동성애를 결정짓는다고 주장한다. 또한'심리학자인 마이클 베일리와 정신병학자인 리처드 필라드는 일란성 쌍둥이의 한쪽이 게이라면 다른 쪽도 게이가 될 확률이 높기 때문에 동성애는 그들처럼 특유의 생물학적 소질이라고 한다. 그리고 분자 생물학자인 딘 해머는 성염색체에서 게이 형제들이 공유한 유전자의 위치를 발견하고 그것을 게이 1호(Gay-1)라고 명명하였다. 만약 우리가 이러한 일련의 연구들을 받아들인다면, 동성애의 성향은 동성애자들의 선택과는 무관하게 선천적으로 나타나는 것이기 때문에 그들에 대한 차별이나 억압은 결코 바람직하지 않다고 할 수도 있다. 하지만 중요한 사실은 그러한 연구 결과가 도리어 동성애자에 대한 또 다른 억압과 탄압적 수단으로 활용될 수도 있다는 것이다. 왜냐하면 과학에 의해 특별한 게이 유전자를 찾을 수 있다면, 유전 공학을 이용해 게이와 레즈비언이 더 이상 태어나지 않도록 할 수 있다는 주장과 뇌수술을 통해 게이를 이성애자로 만들 수 있다는 주장 등이 다시 대두될 수 있기 때문이다.

둘째는 태어난 뒤에 동성애자로 만들어진다는 후천성이라는 설이다. 이것은 동성애의 성향이 성장 과정의 결과라는 주장에 근거한다. 즉 동성애는 사회적 학습이나 경험이라는 후천적인 선택(특히 개인의 선택)에 의해서 그러한 성향을 보인다는 것이다. 예컨대, 남자아이가 어릴 때부터 자연스럽게 여성적인 행동을 표현했을 때, 더 긍정적인 효과를 얻게 되면 자연스럽게 여성적인 행동을 하게 되며, 또 동성끼리 장기간 생활이 지속되는 환경에서도 자주 일어난다는 것이다. 특히 정신분자학자 프로이트(Sigmund Freud, 1856~1939)에 의하면, 인간은 태어날 때부터 이성애와 동성애 그리고 양성애적인 특질을 지닌다. 이러한 특질은 아동기에 가족 사이의 관계에서 어떠한 경험을 했는가에 따라 각기 달라진다. 즉, 성(性)의 정체성에 대한 갈등 구조가 너무 심했거나 또는 전혀 없었다면, 정상적으로 성적 발달을 할 수 없게 되고, 이 경우에 동성애자가 된다는 주장이다. 킨제이(Alfred Kinsey, 1894~1956) 학파들은 동성애를 동성을 선택하는 기호로 설명한다. 동성과의 만족스러운 경험이나 이성과의 불만족스러운 경험이 어느 결정적인 시기에 강화되어 나타난 현상을 동성애라고 한다. 일반적으로 동성애를 성적으로 문란하고 무책임한 사람들의 이기적이고 쾌락주의적인 선택으로 보는 이유도 여기에 있다. 이러한 동성애의 후천설은 과거에 동성애를 종교적 관점에서 신에 반기를 드는 죄악으로, 사회적 관점에서 사회질서를 파괴하는 범죄로서, 그리고 의학적 관점에서 정신 질환적 성도착증 환자로 간주하였던 근거이기도 하였다.

그러면 동성애는 대체로 그 원인들의 복합적인 작용으로 그러한 성향을 보인다고 할 수 있을까? 동성애는 선천적으로 피할 수 없는 생물학적 원인이나 또는 후천적으로도 개인보다는 가족 제도나 사회 제도로 인해 발생한다고 말할 수 있을까? 그렇다고 한다면 우리는 동성애자들에게 어떠한 도덕적 비난도 할 수 없을 것이다. 왜냐하면 특히 동성애의 선천설에 기초한다면 그들은 스스로 그러한 상태를 원해서 선택한 것도 아니며, 본래 그러한 성적 지향을 가지고 태어났기 때문이다. 하지만 동성애의 선천설이 강조되면 그것은 동성애가 생물학적으로 이성애와는 전혀 다른 차원에서 진행되는 것임을 전제하게 된다. 그것은 생물학적 성차 · 유전자와 염색체의 차이 · 성호르몬의 차이에 따라 남성과 여성 사이의 성적인 차이가 결정된다는 생물학적 결정론과도 다를 것이 없다. 때문에 그러한 일련의 과학적 연구 결과가 일정 부분 받아들여진다고 하더라도 우리는 그것에 근거하여 동성애의 성향을 논의할 것이 아니라 오늘날 사회적으로 진행되고 있는 남성 문화에 대한 여성문화 찾기처럼 보다 폭넓은 사회적 관점에서 동성애의 논의를 진행해야 하지 않을까? 왜냐하면 동성애자든지 혹은 이성애자든 간에 모든 인간은 최소한 하나의 인격체로서 존중받아야 하기 때문이다.

《대전충청인권연대, <전인권>, 2017.05.10.》

동물권과 조류독감 그리고 종차별주의

한국 사회는 21세기에 접어들면서 동물 · 생명 윤리와 관련된 문제들에 직면하고 있다. 지난 2004년 황우석의 줄기세포 논쟁에서의 동물복제 논란, 2008년 미국산 쇠고기 파동, 2010년 신종 플루 사태, 특히 2011년 구제역과 조류독감에 의해서 350만 마리의 동물이 생매장 당하는 사태는 우리로 하여금 동물윤리에 대한 관심을 환기시키는 계기가 되었다. 지난 2013년 3월 EU에서의 '화장품 동물실험 금지 및 교역금지에 대한 법안' 통과는 우리나라의 화장품 동물실험 논쟁을 점화시켰으며, 2013년 4월 아시아 최대 규모의 '에비슨 의생명연구센터(ABMRC)'의 오픈은 생명공학의 발전을 위한 동물실험이 과연 필요한가에 대한 논쟁을 예고하고 있다. 오늘날의 동물윤리는 1970년대 초반 시작되었다고 할 수 있다. '옥스퍼드 그룹' 이라고 불리는 영국 옥스퍼드대학의 철학과 대학원생인 Roslind Godlovitch, John Harris, David Wood 등이 동물권과 관련된 철학적 논증을 주고받으면서 동물윤리가 시작된 것이다. 이후 옥스퍼드대학인 윤리학자인 헤어(R. M. Hare), 그리고 심리학자인 리더(Richard Ryder)가 가세하면서 동물윤리가 어느 정도 체계를 갖추기 시작했다. 철학자 헤어를 통해 공리주의가, 그리고 라이더를 통해'종차별주의'라는 개념이 수혈된 것이다. 1975년 피터 싱어(Peter Singer)의 기념비적 저서 『동물해방』이 나오고, 이 책은 곧바로 동물해방운동의 바이블이라는 찬사를 받게 된다. 얼마 후 칸트의 의무론적 권리론에 기반을 둔 톰 리건(Tom Regan)의 The Case for Animal Right(1983), 다윈의 진화론에 토대를 둔 제임스 레이첼스(James Rachels)의 『동물에서 유래된 인간』(1990)이 출간되면서 동물윤리는 다양한 이론체계를 갖추게 된다.

세계 도처에서 인간의 고기에 대한 미각적 즐거움을 충족시키기 위해 수없이 많은 동물들이 '공장식 사육'(factory farming)이라는 처참한 환경에서 사육되고 있다. 미국에서만 매년 50억 마리 이상의 동물들이 도축되고 있다고 한다. 또한 때로는 의학의 발전을 위해 때로는 화장품 독성실험을 위해 매년 전 세계적으로는 약 2억 마리의 동물들이 실험에 사용되고 있다. 그러나 우리는 먹기 좋게 잘린 고기 조각을 보면서 동물의 온전한 형체를 떠올리거나 그 동물이 식탁에 오르기까지 겪었을 고통을 생각하지 않는다. 또한 동물실험을 거쳐 생산된 생활용품, 화장품, 의약품 등을 사용하면서도, 수많은 동물들이 인간 삶의 편의 증진, 인류 발전 등의 명목으로 희생되었다는 사실을 인식조차 못한다. 즉, 오늘날 '인간이 아닌 동물들'(nonhuman animals)은 인간의 욕구 충족을 위한 도구로 취급받고 있다. 인간과 인간이 아닌 동물을 정당한 이유 없이 서로 다르게 처분하는 것은 종차별주의(speciesism)로서 인간의 이익관심이 동물의 이익관심에 항상 앞서야 한다는 인간중심주의적 사유방식을 전제한다. 이것은 인간만이 도덕 판단을 내리고 도덕적 행위를 실천할 수 있는 도덕 주체(moral agent)로서 도덕적 지위(moral standing)를 가질 수 있으며, 이에 따라 인간만이 도덕적 권리와 의무의 대상으로서 도덕적 고려의 범위에 포함될 수 있다고 전제하는 것이다.

사회윤리학자 싱어는 인간과 동물을 구분하고 동물에 대한 차별을 당연하게 여기는 것은 종차별주의(speciesism)로 보고, 정당화될 수 없는 것이라고 비판한다. 그는 고통을 피하고 행복을 추구해야 한다는 벤담의 공리주의를 따라야 한다고 말한다. 인간과 마찬가지로 동물도 고통과 쾌락을 느끼는 존재이고 어떤 존재가 동일한 고통이나 행복을 느낀다면, 그런 고통과 행복은 동등하게 고려의 대상이 되어야 한다는 이른바 '이익 동등 고려의 원칙(the principle of equal consideration of interest)'이 필요한 시점이다. 그렇다고 해서 동물이 인간이 가진 모든 권리를 가져야 한다고 주장한 것은 아니다. 우리는 인간과 동물의 권리에 대한 차이를 어느 정도 인정한다. 그리고 인간이 생존을 위한 사냥에도 반대하지 않을 수 있다. 단지 우리는 공장식 축산농장의 잔인한 관행에 대해 반대해야 하지 않을까? 이런 점에서 싱어의 동물해방론은 선의(善意)의 확대, 즉 인간 이외의 동물에 대한 배려를 해야 한다는 주장에 신중하게 귀를 기울여야 한다. 그렇지 않으면 멀지 않아 동물도 인간에게 복수를 하지 않으리란 보장은 없다.

《대전충청인권연대, <전인권>, 2013.08.21.》

노동인권의 사각지대, 그리고 최저임금 1만원

최근 최저임금제도에 대한 사회적 논쟁이 확산되고 있다. 노동당, 민주노총을 비롯한 노동계, 진보적 시민사회 단체 등은 오는 6월 25일까지 대대적인 최저임금 1만원법 입법청원 운동에 나섰다. 곧 20대 국회는 최저임금 1만원법안이 정치권의 뜨거운 감자로 부상할 전망이다. 이는 지난 선거를 의식한 정치권이 4.13 총선 공약으로 이구동성으로 최저임금 인상을 약속했기 때문이다. 지난 4.13총선 선거공약으로 새누리당은 2020년까지 단계적으로 시간당 최저 임금을 최고 9,000원, 더불어 민주당과 국민의당은 2020년까지 1만원, 정의당은 2019년까지 1만원으로 인상하겠다고 약속했다.

주지하듯이, 지난 2015년 8월 5일 고용노동부장관이 최저임금시간급이 6,050원, 월급으로 126만원(월 소정 근로시간 209시간 기준)으로 결정된 바 있다. 지난 2008년~2015년 최저임금은 매년 평균 6% 안팎으로 인상됐지만, 노동자들의 실질임금은 하락했다. 그러면 왜 이지경이 됐을까? 최저임금이 상승하면 임금총액이 증가하는 것이 정상이지만, 대부분의 기업들이 기본급 이외에 지급되던 상여금 및 수당을 기본급으로 전환하는 편법으로 최저임금 인상을 피하고 있기 때문이다. 그래서 노동자들의 임금은 지난 10년 동안 대부분 제자리걸음이다. 2014년 기준으로 최저임금 수혜자와 미달자를 합하면 최저임금은 전체 노동자의 18.7%인 약 400만명에 달한다. 작년 2015년까지도 한국의 노동자 가운데 15%가량은 최저임금에 한참 못 미치는 돈을 받고 일하는 것으로 나타났다. 즉, 노동자 7명 중 1명은 최저임금 이하를 받고 있는 것으로 이는 주요 20개국 평균의 2.7배, 이웃나라인 일본의 7배에 달하는 수준이다.

지난 2015년 경제협력개발기구(OECD)의 고용 전망 보고서에 따르면, 회원국 20개국의 최저 임금 또는 그 이하 소득의 노동자 비율은 평균 5.5%였지만, 한국은 14.7%로 조사대상 회원국 가운데 가장 높고, 20위, 21위로 하위권 수준이다. 저임금에 시달리는 불안정한 노동자와 그들의 가족까지 고려한다면, 법정 최저임금은 사실상 '국민임금'의 성격을 띤다. 이런 점에서 최저임금은 국민임금이라 일컫기도 한다. 따라서 최저임금은 "노동자 개인뿐만 아니라 그 가족의 생계를 책임질 수 있는 임금 수준"이어야 한다. 이는 유엔사회인권위원회와 국제노동기구(ILO) 등 국제기구에서 적극적인 권고사항이기도 하다.

2015년 기준으로 최저임금을 비교했을 때, 한국은 프랑스의 1만 3,000원, 독일의 1만 2,000원, 영국의 1만 2,000원에 비교해도 다른 유럽 선진국가의 절반 수준에 불과하다.

무엇보다 최저임금제의 도입과 운영의 목적은 노동자들의 경제적 빈곤을 완화하는 것을 전제로 한다. 최저임금의 직접적인 영향을 받는 노동자들은 주로 여성, 학생과 저학력층, 청년과 고령자, 숙박음식점업, 서비스직, 단순노무직, 영세사업체 노동자, 비정규직 노동자, 비정규직 가운데서도 주로 시간제, 임시직과 일용직, 노조가 없거나 비조합원 경우가 대부분이다. 기본급을 제외하고 이렇다 할 수당을 받지 못하는 노동자들에게 최저임금은 곧'최고임금'인 셈이다. 하지만 최저임금을 받는 사회적 약자들은 일상생활 공간 속에서 언제나 유령처럼 잊혀온 노동인권 사각지대의 한 가운데에 서 있다. 허리띠를 졸라매고 하루 온종일 죽어라 일해야 하는 것이 대부분 노동자들의 현주소다.

알다시피 최저임금은 매년 최저임금위원회에서 결정된다. 최저임금위원회는 정부 추천 공익위원들이 사용자 단체와 노동조합 사이의 중간자적 역할을 하고 있지만, 사실상 결정권자 역할을 해 왔다. 그 결과 지난 2003년~2015년까지 연평균 7.7%에 머물렀다. 한국사회의 소득 불평등을 타개할 가장 효과적인 수단은 최저임금의 단계적 인상이 아닌, 대폭 인상이다. 최저임금의 대폭적인 인상은 첫째, 경영진과 노동자사이의 경제적 불평등이 완화될 것이며, 둘째, 최저생계를 유지할 수 없는 노동자들에게 지원하는 사회적 지출비용이 감소될 것이며, 셋째, 서비스 및 숙박음식점업, 유통업 등에서 소비증가로 노동자들의 소득이 개선될 것이며, 넷째, 중소기업의 생산성과 효율성이 증가하여 대기업과 경쟁할 수 있는 발판을 마련할 것이며, 다섯째, 내수 진작을 통해 경제회복의 밑거름이 될 것이다. 따라서 20대 국회는 국민의 삶과 직결되는 최저임금을 최저임금위원회에 더 이상 맡기지 말고 국민의 대표기관인 국회가 여태까지 모호했던 최저임금법을 개정하여 국회의 책임아래 최저임금의 정확한 기준을 갖고 입법청원 논의를 출발점으로 삼아야 하지 않을까?

《굿모닝 충청, <목요세평>, 2018.03.12.》

안경환 전(前)법무장관후보자의 인권의식, 무엇이 문제인가?

문재인정부가 출범한지 한 달이 지났다. 지금 새정부는 새로운 내각을 꾸미느라 국회에서 청문회가 한참 진행중이다. 현재 문재인정부는 70-80% 안팎 국민들의 높은 지지율을 받고 있는 가운데 이런 지지율에 힘입어 국민의 눈높이 정치를 유독 강조한다. 하지만 안경환 前법무부장관 후보자가 여성관 문제에 이어 '몰래 혼인신고'의 문제가 불거지면서 어디까지가 국민의 눈높이인지 논란이 확산됐다. 논란의 중심은 그간 시민사회에서 존경받은 원로 학자 안경환 前국가인권위 위원장이 법무부장관후보자에 지명되면서, 그의 〈남자란 무엇인가〉(2016)에 담긴 여성비하적 표현이었다. 그의 저서에서 여성관은 남자의 '진짜 본성'을 파악하고 그 본성을 넘어 시대에 발 맞춤하는 남성상을 제안한다는 내용을 담고 있다. 이 책에서 특히 그는 여성 혐오적 행동을 마치 남성의 생물학적 특성인 것처럼 서술한 부분이 그 논란의 핵심이었다. 그의 책에서 "몸을 팔려는 여성이 있고 성적 본능을 제어하기 힘든 사내가 있는 한 매춘은 지구상에서 사라지지 않는다", "젊은 여자는 정신병자만 아니면 거지가 없다는 말이 있다. 구걸하느니 당당하게 매춘으로 살 수 있다.", "술과 여자는 분리할 수 없는 보완재다. 여성은 술의 필수적 동반자다." 조금만 더 보자. "젊은 여성의 몸에는 생명의 샘이 솟는다. 그 샘물에 몸을 담아 거듭 탄생하고자 하는 것이 사내의 염원이다"라는 구절에서는 성매매를 하는 남성들의 심리상태를 '당연한 것'처럼 규정했다. 한 부장판사가 성매매를 하다가 현장 적발된 사건에 대해 "아내는 한국의 어머니가 대부분 그러하듯이 자녀교육에 몰입한 나머지 남편의 잠자리 보살핌에는 관심이 없다"고 말했다. 하지만 안후보자는 자신의 여성관에 대해 지난 6월 16일 기자회견에서 "책 전체를 읽고 판단해 달라"는 기존의 입장을 유지했으나, 결국 여론에 밀려 자진 사퇴했다. 안 후보자가 유독 논란의 초점이 된 것은 서울대 교수나 국가인권위 인권위원장으로 재직하면서 여성 권익 향상에 기여한 공로를 인정받아 시민단체로부터 상을 받기도 했던 그의 인권의식에 대한 신뢰 때문이었다.

프랑스의 소설가이자 사상가인 보부아르(Simone de Beauvoir, 1908-1986)는 『제2의 성』(1949)에서 "여자는 태어나는 것이 아니라 만들어진다."고 말했다. 이 말은 이미 17세기 이래 태동하기 시작한 자유주의 사상에도 담겨 있던 내용이다. 18세기 계몽주의 사상가인 디드로나 볼테르 등은 여성의 열등성은 본성에 따른 것이 아니라 사회적 교육에 따른 것이라고 주장한 바 있다. 보부아르에 따르면, 여성은 수동적 존재로 태어나는 것이 아니라 성장의 환경을 겪으면서 수동적 존재로 만들어졌다. 남녀의 차이는 본질적으로 존재하거나 선천적으로 주어진 것이 아니라 주변의 환경에 의해 길들여지고 만들어진 후천적이고 사회 문화적인 산물인 것이다. 여성이 본래적으로 약자이기 때문에 피지배계급이 된 것이 아니라 역사적 상황과 개체의 발달 과정에서 그렇게 된 것이다. 이런 점에서 보부아르의 『제2의 성』은 남녀 몸의 본질주의, 즉 생물학적 본질주의를 인정하지만, 남녀의 정신적 능력의 차이는 거부했다. 따라서 보부아르는 결혼, 모성, 사회 내의 여성, 제도화된 창녀, 노년 문제 등을 섭렵하여 여성문제에 관해 많은 진보적 지식을 제공했다.

흔히 우리가 '남자답다, 여자답다'라고 할 때, 그 말은 무엇을 뜻하는가? 우리는 남성다움이나 여성다움이라는 말 속에서 생물학적 특징을 훨씬 넘어서는 많은 요인들을 포함한다. 동양에서 음양의 개념으로 여성과 남성을 대비시키는 방식은 기본적으로 남성과 여성의 자연적 몸의 특성과 연관되어 있다. 흔히 '여성—음—부드러움—소극적', '남성—양—강건함—적극적'이라는 일련의 다른 범주를 하나로 묶으면서 일반적이고 객관적인 이론처럼 언급되기도 한다. 이런 다소 추상적인 믿음이 21세기에도 여전히 타당한가? 안경환 전(前)법무장관후보자는 여전히 전통적 남녀의 이분법을 옹호하고 있는가? 그는 21세기에 부응하는 남녀의 인권의식부터 새롭게 가져야 하지 않을까?

《굿모닝 충청, <목요세평>, 2017.06.22.》

노동 개악, 청년들의 분노와 참여 이끌어 낼 수 있을까?

2016년 병신년 새해를 희망과 설렘으로 맞이했다. 하지만 우리들의 새해 소망이 배신당하고 있다면, 지나친 역설일까? 우리가 길거리를 조금만 스치고 지나가면 현수막으로 내건 배신당한 구호들은 쉽게 목격한다. "재벌은 돈 잔치, 서민은 빚더미. 최저임금 1만원으로 바꿉시다", "노동악법 폐기하자" 이러한 구호들에 정부는 한참 못 미치는 행정을 힘으로 밀어 붙이고 있는 중이다. 2016년 1월1일부터 최저임금 시간급 6,030원으로 인상이 그러하고, 노동 5법의 추진이 또한 그러하다. 지금 정부는 '노동개혁'이라는 미명 아래 청년들을 비롯한 대다수의 노동자들을 생존위기로 몰아넣는 '노동개악'을 강행하고 있다.새누리당은 지난 1월 2일 "노동개혁법을 포함한 경제활성화법을 처리하지 않고는 오는 4월 국회의원 총선의 선거구 획정을 반영한 선거법 개정안을 처리하지 않겠다"고 야당을 압박하고 있다. 하지만 지난 2015년 11월, 12월 중 3차례에 걸쳐 민중총궐기 대규모 집회가 열렸고 민주노총은 재차 총파업을 예고하고 있다. 지금 정부가 강행하고 있는 노동 5법은 '① 노동자 일반해고 요건의 완화, ② 취업규칙 불이익 요건으로 변경 완화, ③ 비정규직 사용기간을 2년에서 4년 연장, ④ 파견근로 업종의 확대(고령자노동자, 전문직 파견확대), ⑤ 임금 피크제를 통한 청년고용'이 그 핵심이다.

주지하듯이, 2014년 경제협력개발기구(OECD) 34개국 중에서 한국은 자살률 1위, 최상위층 1%가 차지하는 부의 불평등 세계1위, 남녀 임금차, 노인 빈곤율 1위, 저임금 노동자 비율 25.1%로서 2위, 노동자 근로시간 2위(2228시간), 30대 그룹 상장사 임원 연봉은 직원 평균 연봉의 10.8배다. 말하자면 대기업과 중소기업, 정규직과 비정규직, 원청과 하청, 남녀의 임금 격차 등 불평등이 극심하다. 노동시장의 불안정이 하층계급을 넘어서 상층계급으로까지 파급된 지 이미 오래며 이제 우리 시대의 지표가 됐다. 점점 과거의 평생직장은 소멸의 위협을 안고 진행되고 있다. 이를 가리켜 제레미 리프킨은 '노동의 종말'(2001)에서 인간을 고통스러운 노동으로부터 해방시키려는 기술혁신에 의해 노동의 종말을 초래한다고 봤다. 이러한 인식은 우리에게 재차 노동의 의미를 반성하도록 만든다. 철학자 로크는 노동을 소유와 관련된 개념으로 봤고, 경험론자 흄은 노동을 통해 인간과 동물을 구분하고자 했다. 또한 튀르고나

캉티용은 노동의 양을 가치의 측정을 위해 사용됐다. 무엇보다 마르크스는 노동을 본질상 자연 속에 인간이 살아남기 위한 고통스런 노력과 인간의 속박, 인간의 노예상태를 표현했다. 노동은 어떠한 희생을 치르고서라도 적응해야 하는 냉담하고 적대적인 자연 속에서 방황하는 인간소외의 표시인 것이다.대한민국은 오늘도 노동의 소외를 껴안고 하루에 평균 38명이 자살한다. 통계대로라면 그 중에 20~34세 청년 6명이 하루에 목숨을 끊는다. 심각한 청년취업의 문제가 20~30대의 극단적인 선택을 불러온 주된 원인이다. 예컨대 청년들은 한 해에 1000만 원대 안팎의 학비, 스펙경쟁, 청년취업난, N포세대 증가, 인문계 취업난, 최저임금, 치솟는 주거비 등에 허덕인다. 그래서 가련한 청춘들이 일자리를 찾으러 왜 저렇게 배회하는 지를 묻는 것은 사치다. 우리는 그 이유를 적나라하게 이미 알고 있다. 왜냐하면 청년실업의 문제는 청년 개인만의 문제가 더 이상 아니기 때문이다.지난 2015년은 헬조선, 금수저, 은수저, 흙수저 논란 등 우울하고 암울한 언어들이 유행한 것은 지속 가능성을 상실해 가는 우리 사회 현실의 냉소적 자조이다. 불이익 요건으로 변경 완화, ③ 비정규직 사용기간을 2년에서 4년 연장, ④ 파견근로 업종의 확대(고령자노동자, 전문직 파견확대), ⑤ 임금 피크제를 통한 청년고용'이 그 핵심이다.

전 세계에 3500만부가 팔려나간 베스트셀러 작가 스테판 에셀은 '분노하라'(2011), 그리고 '분노한 사람들에게'(2012), 최근 화제작 장하성 교수는'왜 분노해야 하는가'(2014)의 저서에서 청년들의 분노와 참여를 호소한다. 스테판은 인류가 성취한 가장 소중한 것들을 경멸하는 자들에 대항해 그 가치들을 수호하고 확장해야 한다고 말한다. 스테판의 호소는 낭만적인 요구가 아니다. 그는 현대사회가 가한 상처를 공감하면서 루소에서 마르크스의 전통을 잇는다. 부자와 가난한 자, 자본가와 노동자, 정치가와 그 희생자들, 미국과 같은 선진국과 개발도상국사이의 소외되고 존중이 무시되는 관계들에서 작용된다. "열심히 일해도 나아지지 않는 삶, 이로 인해 생각과 가치를 상실해 버린 시대 속에서 냉소적으로 변한 청년들에게 이를 극복해야 한다"는 장하성 교수의 충고는 양질의 일자리가 절실한 청년세대가 곱씹어 봐야 하지 않을까?

《굿모닝 충청, <목요세평>, 2016.01.14.》

인권의 사각지대(死角地帶) 삼성전자반도체, 삼성의 무노조경영은 영원한 신앙인가?

우리나라 최대의 기업이라 불리는 삼성의 치부를 파헤쳐 주목받는 두 권의 책, 한 권은 김용철 변호사의 『삼성을 생각한다』(사회평론, 2010)이고, 다른 한 권은 박일환 작가와 반올림(반도체 인권지킴이 단체)이 공동으로 펴낸 『삼성 반도체와 백혈병』(삶이 보이는 창, 2010)의 저서가 그것이다. 전자의 책에서는 삼성그룹 전반의 구조적 모순들, 즉 이건희 일가의 전횡과 독선적 기업운영, 삼성의 무노조경영, 삼성의 비자금 등 삼성그룹의 비리에 대해 폭로하였고, 후자의 책에서는 삼성반도체의 백혈병에 걸린 노동자들의 작업현실들, 즉 삼성반도체 공장에서 발생한 백혈병 발병의 진실과 발병의 여러 사례들, 산재승인의 여러 실태들, 삼성반도체에서 백혈병에 걸린 노동자들의 투쟁과정, 그리고 그 이후의 성과와 과제 등 향후의 전망까지를 심도 있게 파헤쳤다.

이제껏 국내의 반도체산업은 삼성전자가 주도해 왔다고

해도 과언이 아니다. 삼성이 지금과 같이 국내 · 외 기업계에서 눈부신 위상을 누릴 수 있었던 요인은 삼성전자 등 핵심 제조업 부분의 성과다. 알려진 바에 의하면, 삼성전자는 1974년 12월 파산위기에 처한 한국반도체를 인수하여 초기에는 주로 LED 시계, 텔레비전, 아날로그 시계, 오디오 및 전자레인지와 같은 소비자용 제품이 들어가는 집적회로(IC)칩과 트렌지스터 칩 등을 개발, 생산하여 왔다. 이를 계기로 하여 삼성반도체는 국내 반도체산업에 획기적인 전환기를 맞게 된다.

1983년 삼성전자는 64KB, DRAM의 개발에 성공하면서 1984년 경기도 용인 기흥에 제 1라인 삼성 최초의 복합단지 반도체 공장을 준공하였다. 1992년에는 세계 D램 시장 1위, 1993년 메모리 분야 세계 1위를 거쳐 1995년 S램 시장에서도 1위에 올랐다. 그 명성이 지금도 여전히 이어져 오고 있다. 세계 D램 분야 제 1위 기업의 삼성전자는 올해에도 반도체 분야에 5조 5천 억원을 투자해 미세공정 전환에 공급량을 더더욱 늘리겠다는 계획을 세워놓고 있다. 이런 삼성전자의 눈부신 성과가 금융이나 서비스 계열사만 갖고 운영을 하였다면 삼성은 그저 그러그러한 일개의 국재재벌에 불과할 뿐 세계적으로 각광받는 기업은 될 수 없었을 것이다. 지금껏 반도체, 휴대폰 등에서 삼성이 거둔 성과는 실로 눈부실 정도다. 하지만 이런 삼성반도체 신화의 배후에는 백혈병, 암 등의 산업재해를 무릅쓰고 반도체 생산라인에서 피땀 흘린 수많은 이름 없는 노동자들과 그 가족들의 희생이 뒤따르지 않았다면 삼성의 신화는 결코 없었을 것이다. 삼성전자는 1997년부터 "또 하나의 가족"이라는 주제의 광고 캠페인에는 다음과 같은 그럴듯한 문구가 실려 있다.

> 삼성전자는 고객 곁을 더 깊이 가고 싶습니다.
> 편안한 친구, 따뜻한 가족이 되고 싶습니다.
> 늘 고객과 함께 생활하는 삼선전자 제품들, 그 첨단 기술은
> 우리 생활을 더 편리하고 풍요롭게 가꾸어 주고 싶습니다.
> 늘 고객과 함께 생활하는 삼성전자 제품들, 그 첨단 기술은
> 우리 생활을 더 편리하고 풍요롭게 가꾸어주고 있습니다.
> 삼성전자는 한걸음 더 나아가야 한다고 생각합니다. 마음까지 나눌 수 있는 또 하나의 가족이 되어야 한다고 생각했습니다.

위에서 언급한 삼성전자의 '또 하나의 가족'이라는 주제 광고의 주된 캠페인은 소비자들 및 고객의 마음을 잘 아는 기술, 그리고 소비자들이 정을 잘 느낄 수 있는 기업이라는 두 가지 기본 정신을 바탕으로 '가족' 같은 기업 이미지를 만드는 것을 목표로 삼고 있는 듯하다. 이제까지 한국인에게 가장 소중하고 따뜻한 공간, 그리고 삼성전자의 상품이 가장 많이 쓰이고, 친근하게 느껴질 수 있는 공간인 고객의 가정을 배경으로

삼고자 한다는 의도이다. 하지만 여기서 삼성이 말하는 '또 하나의 가족'은 고객이 주된 대상이지만, 고객들이 쓰는 제품을 생산하는 노동자들은 아예 포함되어 있지 않다. 제품을 팔아주는 고객에게 소중한 마음을 간직하는 것이 당연하다면, 자기가 소속한 회사에서 피 땀 흘려 열심히 좋은 제품을 생산한 노동자들의 마음도 함께 나누어야 하지 않을까? 아무리 그럴듯한 아름다운 미사여구의 문구로 포장을 한다고 할지라도 한쪽에 치우쳐 노동자들의 마음을 함께 보듬고 나누지 못한다면, 삼성전자의 광고 캠페인은 "삼성이 버린 또 하나의 가족"이라는 냉소적 비웃음에서 자유롭지 못할 것이다. 언제나 열심히 피땀 흘려 일한 노동자들의 희생과 성과는 오히려 엉뚱한 자들이 반사이익을 챙겨왔다. 김용철 변호사의 저서에서도 지적하고 있듯이, "삼성반도체 구조조정본부 임원들은 반도체, 휴대폰의 개발, 생산, 판매 등에 기여한 일이 없어도 가장 높은 보수를 받았다"고 전한다. 또한 "그들은 이들 위에서 막강한 권력을 휘두르며 군림"해 왔다는 것이다.

최근 백혈병 온상지인 삼성전자 기흥공장은 국내 반도체산업의 메카라 불린다. 이른바 반도체산업은 '굴뚝 없는 산업"이라 일컫는다. 반도체산업은, 환경오염이 없는 깨끗한 산업으로 지금껏 알려져 있다. 그래서 이제껏 삼성반도체는 하이테크산업이라 불리는 청정 첨단산업이라 늘 자랑해 왔다.

하지만 삼성 반도체의 첨단산업은 노동자들의 건강 측면에서는 낙제점을 면치 못하고 있다. 역설적으로 전자산업이 발전을 거듭하면 할수록 세계각지의 전자산업 노동자들은 유해물질에 노출되어 이름 모를 병으로 죽어가고 신음하고 있다는 말도 들린다. 전자산업이 노동자들의 백혈병, 암 등의 발병사실을 통해 더 이상 청정산업이 아니라는 것이 차츰 알려지고는 있지만, 아직도 전자산업들은 유해물질에 대한 구체적인 정보를 노동자들에게 제대로 공개하지 않고 있다.

이미 언론에 여러 차례 『프레시안』, 『오마이뉴스』, 『한겨레신문』 등이 이에 대해 간헐적으로 보도가 있어 왔지만, 그러면 도대체 삼성전자 반도체 안에서 어떤 일이 그동안 일어난 것일까? 삼성반도체 안에서 그동안 일어났던 일들은 삼성반도체 기흥공장에서 일하다 2007년 3월 6일에 황유미씨가 백혈병으로 사망한 것을 계기로 하여 세상에 알려지게 되었다. 고(故) 황유미씨는 강원도 속초에서 태어나고 성장한 스물세 살의 꽃다운 나이에 세상을 떠났다. 고등학교 졸업을 앞둔 그녀는 어려운 집안 살림 때문에 취직을 하기로 마음먹고 학교의 추천으로 2003년 10월에 동기생 10여명과 함께 삼성반도체 기흥공장에 입사했다. 입사한지 불과 2년이 채 안 된 2005년 5월경부터 그녀의 몸에 이상증세가 나타났다고 한다. 그녀는 "몸에 멍이 자주 들었고, 먹으면 토했고, 또한 아주 피로했고 어지러워서 여러 병원에 전전 끝에 급성골수백혈병이라는 진단을 받았다. 당시 유족측은 삼성측에 산업재해 처리를 해달라고 여러 차례 요구했으나 끝내 받아들여지지 않았다. 그 와중에 황유미씨는 새 봄이 시작되는 2007년 3월 6일에 세상을 떠났다. 그 외에도 지난 1월 11일 삼성전자 반도체의 기흥제조공장에서 근무 중 백혈병 진단을 받은 근로자 3명과 백혈병으로 숨진 근로자 3명의 유족은 근로복지공단을 상대로 서울행정법원에 산업재해를 인정해달라며 근로복지공단을 상대로 산업재해 불인정 취소처분을 요청하는 소송을 법원에 제기한 상태다. 그 분들에 의하면, 반도체 제조 공정에서 벤젠과 전리방사선 등 발암물질에 노출돼 지난 10년간 근로자 22명이 백혈병 등 조혈계 암에 걸렸고 이 가운데 7명이 숨졌다고 주장한다. 그 외 각종 암과 질병에 걸린 사람들도 더욱 많다고 한다.

국제노동기구(ILO)의 2007년 보고서에 따르면, 전 세계에서 1년에 암으로 사망하는 인구는 60만명 이상으로 예상한다. 그리고 최소 4% 정도가 직업적인 원인에 의해 사망하는 것으로 추정한다. 통계청에 따르면, 2007년도 우리나라에서 암으로 인한 사망자는 6만 7561명이라 한다. 이중에서 직업적 병에 걸릴 확률의 4%만 대략 추산하여도 2700여명 정도가 직업적인 암으로 사망하고 있는 것이다. 하지만 직업성의 암 사망자가 산재승인을 받는 경우는 극히 드물다. 직업성의 암 발생

환자가 산재승인을 받지 못하는 이유는 노동자들이 발명원인을 쉽게 알아내기 힘들기 때문이다. 한 실례로 삼성반도체 기흥공장의 급성백혈병 발병자들은 15개 생산라인 중에서 모두 1,2,3 라인 출신으로 이 라인들은 수동적인 작업량이 많고 설비가 낡고 오래되어 누출사고가 잦기 때문에 이른바 '사고라인"으로 불리던 곳이라 한다. 5만명이 넘는 삼성반도체 전체 노동자 중에서 15개 생산라인에서 일한 노동자들 중 1-3라인에서 일한 노동자들의 실제 22명의 발병률보다 훨씬 높은 수치를 예상하는 것은 그다지 어렵지 않다. 이는 그동안 공장에서 제대로 된 보호 장비도 없이 유독한 화학물질과 방사선을 다루어온 결과다. 백혈병 피해자들의 공통점은 최저임금, 열악한 노동조건과 유독성 화학물질을 무방비 상태로 다루고 있다는 점이다. 특히 반도체 공장의 여성 노동자들 사이에서는 공장 생활을 오래하면 생리불순과 불임, 유산 등으로 고통을 받게 된다는 소문이 파다하게 돌고 있다고도 한다. 위의 노동자들의 백혈병, 암등의 발병원인에서 명백히 드러났듯이, 우리가 이제까지 알고 있었던 반도체산업이, 결코 청정산업이 아니며 유해한 물질을 다루는 첨단산업이라는 사실이다. 그간 삼성측은 백혈병 발병 사례를 축소하고 노동자들의 집단 발병사실을 아주 우연한 일로 치부해 왔으며, 공공기관인 산업안전보건공단과 근로복지공단 역시 노골적으로 삼성을 편들어왔다.

삼성은 언제나 글로벌(Global)의 기업을 외치고 있지만, 고(故) 이병철 삼성그룹창업주의 무노조경영의 지침을 신앙처럼 받들어 기업 총수의 독선과 전횡에 따라 '무노조경영'을 공식적으로 내세우고 있는 기업은 세계적으로도 거의 찾아볼 수 없다. 노동자들의 당연한 권리인 노동조합을 범죄시하고 백안시하는 삼성의 행태는 글로벌 기업의 외침과는 너무나도 동떨어진 후진적 기업경영 그자체인 것이다. 삼성은 글로벌한 공장을 세계 여러 나라에서 운영하고 있다고 자부하고 있을지 모르나, 노동자들에 대한 무노조경영의 반인권적 통제가 다른 나라에서도 언제까지 통용될 수 없다. 김용철 변호사도 그의 책에서 지적하고 있듯이, "삼성은 무노조 경영을 고집하느라 노조를 막기 위해 막대한 비용"을 감내하고 있으며, 향후 "삼성이 무노조경영에서 부작용을 최소화하고자 총수의 뜻이 다수 노동자들의 합리적 판단보다 위에 놓이는 황제적 경영이 지속 될 때 그만큼 삼성의 수명은 멀지 않을 것이다."라는 경고에 삼성 경영진들은 곱씹어 보아야 한다.

주지하듯이, 1948년 『세계인권선언』과 1966년 제 21차 UN 총회이후 『경제적 사회적 · 문화적 권리에 관한 국제규약』, 『시민적 정치적 권리에 대한 규약의 선택 의정서』에 관한 여러 조항에서 노동자의 권리를 국제적으로 명문화하여 규정해 놓은 지 이미 오래 되었다. 특히 『경제적 · 사회적 · 문화적 권리』는 사회정의(正義)와 실질적 평등의 이념으로부터 도출되는 인권으로서 모든 사람이나 국가나 사회, 그리고 공동체에 대하여 자신이 인간으로서 인간다운 생활을 할 수 있도록 해줄 것을 요구할 수 있는 권리를 의미한다. 여기서 무엇보다 『경제적 · 사회적 · 문화적 권리』는 사회권 규약을 제정하고 있으며 사회권의 흔적은 카톨릭 등에서 이야기하는 인간의 존엄성이라는 요청에서 찾고 있다. 사회권의 종류와 내용 중에서 노동권은 근로의 권리를 가장 먼저 규정하고 있다. 그것은 인간의 삶에 있어서 자유로이 선택하거나 수락하는 노동을 가장 핵심적인 요소라 판단하고 있기 때문이다. 왜냐하면 노동은 그 자체로 자신은 물론, 가족 등의 음식, 의복, 주거 등 물적 자원을 확보하는 수단이 되기 때문이다. 뿐만 아니라 노동은 신체활동을 통해 자신의 인격을 발현, 형성하는 인간행위의 대표적인 형태라는 점에서 그 자체만으로도 인간의 존엄성과 가치에 중요한 의미를 지닌다.

글로벌한 사회에서 노동조합의 결성 및 가입에 관한 권리인 사회권 규약은 국제노동기구(ILO) 제83호와 제2조와 함께 사용자의 권력으로부터 노동자를 보호하는 기본적 권리로서 단결권, 즉 노동 3권(단결권, 단체교섭권, 단체행동권)을 인정하고 있는 것이다. 이렇듯 『세계인권선언』과 『경제적 · 사회적 · 문화적 권리에 관한 국제규약』 등의 여러 조항에서 노동자 권리를 명분화하여 규정해 놓고 있지만, 여전히 삼성이라는 거대 공룡기업은 이 조항을 비웃기라도 하듯이 이병철 삼성그룹 창업주의 유지를 받들어 무노조경영의 신앙을 더욱 공고히 하고 있다.

향후에도 삼성의 무노조경영의 개선 없이는 백혈병, 암 등 억울한 직업병에 걸려 사망하거나 질병에 걸려도 단결권, 단체교섭권, 단체행동권이라 할 수 있는 노동3권을 전혀 행사할 수 없기 때문에 삼성 경영자측은 진상규명을 요구하는 노동자들 및 유가족들에게 지루하게 시간을 끌어 노동자들이 제풀에 지칠 때 까지 힘 빼기 작전으로 나아가거나 회유, 협박 등을 통해 지속적으로 방해할 가능성이 농후하다. 진보적 시민사회단체나 지식인들은 무노조 경영으로 인해 피해 받는 삼성 노동자들에게 기본노동권의 중요성을 알리고 조직화하며 무엇보다 피해사례가 제대로 밝혀진 적이 없는 반도체노동자들의 노동건강권 확대하는데 힘을 보태야 할 것이다. 이른바 노동자들의 건강권은 곧 생존권이며 어떤 무엇과도 바꾸거나 양보할 수 없는 소중한 인권의 출발점이기 때문이다. 따라서 안전하고 쾌적한 작업환경에서 일할 권리는 근로자의 기본적인 인권이며, 세계화는 반드시 안전보건을 보장하기 위한 예방 대책과 함께 진행해야 할 것이다. 그리고 진보적 시민사회단체 및 지식인들은 삼성전자 반도체의 화려한 이미지 뒤에 가려진 진상들을 밝혀내고 나아가 반도체 사업장과 노동부 등에 반도체 노동자들의 건강과 안전에 배려할 수 있게 사회안전망의 확대를 지속적으로 요구해 나가야 한다.

현재의 상황에서 삼성 경영진들의 무노조 경영의 생각을 해체하지 않는 한, 국내는 물론 글로벌을 외치는 삼성의 밝은 미래는 감히 없다고 단언한다. 이런 점에 비추어 지금 『프레시안』에서 기획하고 있는 삼성제품불매운동은 지극히 당연하고 정당한 소비자들의 권리인 셈이다. "삼성의 또 하나의 가족" 캠페인에서도 보듯이, 소비자를 왕처럼 모시고자 하는 삼성이 소비자들의 정당한 외침을 계속 모르쇠로 일관한다면, 소비자들도 중대한 결단을 내릴 수밖에 없지 않겠는가? 따라서 소비자들은 백혈병, 암등의 질병 온상지인 삼성전자 반도체 제품의 불매운동을 통해 삼성의 경영 수뇌부들이 무노조경영의 사고(思考)를 해체하게끔 압박하는 수단으로 작용해야 할 것이다.

《프레시안, 2011.03.17.》

최저임금제와 노동자의 권리

노동의 의미는 단순히 일을 통해 생계를 위한 돈을 버는 것에 그치지 않는다. 노동은 노동자에게 삶의 의미를 부여하고, 거의 모든 노동자는 자신의 노동을 통해 사회에 최소한 기여하기를 원한다. 오늘날 모든 나라는 노동자의 단결권, 단체교섭권, 단체행동권을 권리로 보장하고 있다. 그러나 산업혁명 초기에서 19세기 중반까지는 이러한 권리가 보장되지 않았다. 이러한 주장과 집회는 사회를 불안하게 하는 것으로 여겨져서 많은 탄압을 받았음에도 불구하고 오히려 이러한 추세는 더욱 강화되었다. 그 이후 우여곡절 끝에 노동의 권리는 합법화되기에 이르렀다. 민주주의 발달사에서 가장 전형적으로 제시되는 것이 바로 노동자의 여러 권리가 보장되는 구체적인 역사이다. 오늘날에도 여전히 한 나라의 민주화의 성숙도는 그 나라 노동자의 권리를 어떻게 보장하고 있는지를 파악하여 말하는 것이 일반적 경향이다.

1919년의 독일의 바이마르헌법이 현대적 의미에서 헌법의 효시라고 일컫는 것도 헌법상으로 바이마르헌법에서부터 노동자의 권리, 즉 생존권이 헌법에 규정되어 있기 때문이다. 그 이후 거의 모든 나라들의 헌법은 이를 본받아 왔으며, 한국의 제헌헌법에서도 마찬가지였다. 즉 제헌헌법에서는 노동자의 이익균점권이 규정되어 있었다. 제헌헌법 당시에는 이익균점권을 헌법에 담지 못하면 유권자들을 볼 면목이 없었으며, 다음 선거에 승산이 없기 때문에 노동자들의 이익균점권 보장이 당시 지배적인 분위기였다. 그러나 6.25를 거치고 5.16 군사정권이후 이 규정을 삭제했다. 아직도 여전히 보수 자본가 단체와 지금의 정부에 이르기까지 이익균점권의 보장이 시기상조라는 이유로 답보상태다.

우리 사회에서 행복한 세상을 만들어가는 출발점 가운데 하나가 노동자들의 최저임금 문제이다. 지난 2018년 최저임금이 대폭 인상되면서 많은 논란이 있었다. 최저임금이 영세자영업 사업주들에게는 커다란 부담으로 다가올 수 있고, 그 부작용 또한 도처에 널려 있는 것이 사실이다. 하지만 최저임금 인상으로 인해 아주 만족스럽지는 않지만, 삶의 질이 조금은 나아졌다고 기뻐하는 노동자들도 생겨났다. 최저임금은 2020년까지 시급 1만원을 실현될 수 있도록 최소한의 인간다운 생활을 할 권리를 표상하는 것으로 작년 대선당시 시대적 요구로 일반화되었다. 다른 년도에 비해 16.4%라는 높은 비율로 인상되었지만, 시급 7,530원 월급 여 157만 3,770원은 가족의 생계를 책임지는 노동자라면 여전히 턱없이 부족한 금액이다. 또한 상여금을 기본급에 포함시켜 실제로는 임금이 오르지 않는 사례들도 비일비재하다. 단적으로 월급 300만원을 받는 노동자라고 하더라도 기본급 등이 157만원으로 책정이 되어 있고 나머지 금액들을 합쳐서 300만원이라면 최저임금법 위반이 되는 것이다. 그런데 이렇게 범위가 넓어지게 되면 내년부터는 이미 받고 있는 임금들이 최저임금으로 계산된다.

국회는 지난 2018년 5월 25일 환경노동위원회 전체회의를 의결하여 최저임금 개정법률을 전격 통과시키면서 2019년 1월 1일자로 시행될 예정이다. 이에 따라 그 동안 최저임금의 포함 여부에 대한 논란이 있었던 매월 지급되는 정기상여금과 최저임금에 포함되지 않았던 식비, 숙박비, 교통비 등 통화로 지급되는 복리후생적 임금 등이 일정한 기준에 따라 단계적으로 최저임금에 산입될 예정이다. 향후 주휴수당의 산입 여부나 구체적으로 산입되는 복리후생비의 범위에 대한 논란은 불가피할 것으로 예상된다. 지금 이런 최저임금법의 결정으로 인해 노동계의 반발이 거세다. 한국노총은 지난달 5월 28일 최저임금법 개정안이 국회 본회의를 통과한 직후 추천위원들은 최저임금위 불참 의사를 밝혔으며, 민주노총도 소속 근로자위원도 사퇴를 선언했다. 양 노총은 이날 국무회의 의결 직후 최저임금법 재개정을 위한 대정부 투쟁을 예고하고 있다. 주지하듯이, 최저임금법이라는 것이 저소득층에게 최소한의 소득을 보장해 주는 제도이다. 이런 점에서 최저임금은 국민임금으로 불릴 정도로 그 영향력이 크다. 수많은 저임금 노동자들의 수준을 직접 결정하는 사회적 임금교섭단체인 최저임금위원회의 임무는 더욱 무거워졌다. 비정규직을 비롯한 저임금 노동자들이 대부분 노조 바깥에 방치돼 있는 사회적 조건 속에서 최저임금위원회가 해야 할 중요한 역할은 향후 최저임금 인상률을 제대로 결정하여 노동자들의 질적인 삶을 보장해 주는 것부터 앞장서야 하지 않을까?

《대전인권신문, , 2018.06. 18.》

미투운동과 권력

문재인 정권들어 지난 촛불정국의 적폐청산 일환으로 미투 운동이 한창이다. 최근 '미투' 운동(Me Too Movement: 나도 당했다, 나도 고발한다)이 우리사회에서 지난 2018년 1월 29일 검찰 내부통신망 '이프로스(e-pros)' 게시판에 서지현 검사가 '나는 소망합니다'라는 글을 올린 이후로 봇물 터지듯이 일어나고 있다. 또한 서검사는 1월 29일 JTBC 뉴스룸에 출연하여 인터뷰를 통해 처음으로 가해자 안태근 검사의 성추행 피해 사실을 고백했다. 이 사건으로 많은 국민들이 분노하였으며 이 사건이 기폭제가 되어 한국판 미투 운동이 언론계, 정치계, 학계 및 대학가, 문화계, 출판계, 연극계, 영화계, 음악계, 만화계, 기업계 등 거의 모든 영역에 걸쳐 확산되어 가고 있다. 한국 사회의 가장 추한 성폭력, 성희롱, 성범죄 영역이 여성들의 피눈물어린 용기와 고백, 참여 그리고 지지로 그간 피해사실을 숨겨왔던 금기영역이 적나라하게 폭로되고 있는 중이다.

미투 운동은 지난 2017년 10월 5일, 미국 뉴욕 타임스 할리우드의 거물 영화제작자인 하비 와인스틴이 수 십년에 걸쳐 성추행을 저질러왔다는 사실을 보도해 파문을 일으키면서 시작됐다. 이 운동은 경찰, 검찰 등을 통한 정상적인 방법의 해결이 불가능한 성범죄를 대중에 폭로하여 해결하려는 의도였다. 이를테면 지금껏 성폭력 피해 사실을 숨긴 피해자들이 '이제부터 성범죄를 더는 묵과하지 않는다.'는 뜻에서 시작된 것이다. 성폭력은 강간, 윤간, 강도강간뿐만 아니라 성추행, 언어적 희롱, 음란전화, 성기노출, 어린이 성추행, 아내강간 등 상대방의 의사에 반(反)하여 가해지는 성적 행위로 모든 신체적 · 언어적 · 정신적 폭력을 포괄하는 광범위한 개념이다. '상대방의 의사에 반(反)한다'는 의미는 상대방이 원치 않거나 거부하는 행위를 상대방에게 계속하거나 강요한다는 뜻이다. 상대방으로 하여금 성폭력에 대한 막연한 불안감이나 공포감을 조성할 뿐만 아니라 그것으로 인한 행동제약을 유발시키는 것도 간접적인 성폭력이라고 할 수 있다. 또한 상대방의 언행으로 성적 수치심 또는 모욕감을 느꼈는지의 여부에 따라 성희롱이냐 아니냐가 구분될 수 있고, 가해자가 성희롱의 의도가 없었다 하더라도 피해자가 성희롱으로 느꼈다면, 상습성 · 반복성 · 집요함 등이 없더라도 성희롱으로 여겨질 수 있다.

프랑스의 현대철학자 미셸 푸코(Michel Foucault)는 『성의 역사(History of Sex, I. II. II. III』에서 성(Sex)을 중요한 요소로서 손꼽은 바 있다. 푸코는 자신의 『성의 역사』에서 「앎의 의지」(1976), 「쾌락의 활용」(1984), 「자기에의 배려」(1984) 등 세 권의 책을 통해 성의 담론을 촉발시키는 계기를 마련했다. 지금까지 동서양을 막론하고 인류사에서 성의 역사는 남성이 여성을 오래 동안 지배해 온 역사이다. 푸코에 의하면, 성이 일상적인 관습들과 남성들의 대규모 권력조직을 연결하고 있다는 것을 밝혀냈다. 대부분의 사회 이론에서 권력이 욕망을 억압한다고 보았다면, 푸코는 권력을 남성적인 관점에서 다루어지는 특성으로 보았다.

푸코는 우리가 과거 100년 동안 그렇게 관심의 대상이 되어왔던 성이 어떻게 사회질서를 규제해 왔는지에 대해 주목했다. 그는 성에 대해 상당한 영향력을 행사해 왔던 권력이 어떻게 강력한 전달체로서 집중되어 왔는지를 따져 보아야 한다고 생각하였다. 푸코가 보기에 그 당시 남성들의 권력은 욕망, 권력과 지식에 의해서 유발됐다. 권력은 지식을 산출하고 서로 직접적으로 성에 관여해 왔다. 또한 어떤 남성들이 지식의 영역과의 상관관계가 구성되지 않으면, 권력의 관계는 존재하지 않으며 동시에 권력적인 관계를 구성하지 않은 지식은 존재하지 않는다. 권력은 우리의 삶에 가장 깊숙한 곳까지 개입하여 지식과 결탁하여 우리의 몸을 순응적인 형태로 길들이게 한다.

지금 우리사회에서 일어나고 있는 미투 운동은 그동안 남성들이 암암리에 지식학벌로 상위 신분에 오른 뒤에 조직 내 권력으로부터 지속적으로 성폭력 피해를 당한 여성들의 성평등 외침의 장인 셈이다. 하지만 이러한 운동이 진영논리에 입각한 음모론적 시각이 유입된 정치적 분쟁거리는 경계해야 한다. 따라서 지금 벌어지고 있는 한국사회의 미투 운동은 남녀성별을 불문하고 약자가 서로 용기를 낼 수 있게 도와주고, 사회적 관심을 통해 그동안 여성들이 받아왔던 불이익을 근절하고, 잘못된 남성중심의 성문화와 성의 관행을 바꿀 수 있는 실질적인 여성인권과 성평등 사회를 실현할 수 있는 절호의 기회다.

《굿모닝 충청, <시사프리즘>, 2018.03.12.》

chapter
04

정치와 과학기술 그리고 한국사회

개성공단, 한반도 신뢰프로세스의 실종, 그리고 정치의 종언

주지하듯이, 북한이 지난 2006년 첫 핵실험이후 최근 2월 6일 장거리탄도미사일 기술을 이용한 인공위성에 이르기까지 제4차 핵실험을 감행했다. 이에 발맞추어 박근혜 정권이 지난 2월 10일 개성공단 폐쇄 중단조치를 기습 강행했다. 이는 지난 2013년 8월 14일 남북 합의를 맺은 지 2년 반 만이다. 남측의 개성공단 전면중단 선언과 북측의 공단 폐쇄 및 자산동결, 인원추방 조치는 지난 2000년 6.15 공동선언 이후 남북한 평화정책의 상징이자 남북한 공동번영이라는 국민적 의지의 산물이 두 동강났다는 것을 뜻한다. 지난 박근혜 정권 인수위 시절이었던 2013년 2월, 북한은 제3차 핵실험을 하였다. 이에 따른 한미군사 훈련이 강화되었고 그해 4월 북한은 일방적으로 개성공단 북측 인력을 철수시킨 바 있다. 그때 개성공단 정상화를 위해 2013년 7~8월 7차례의 남북 당국간 회담을 갖고 '개성공단 정상화개항으로 구성된 합의서'는 "남과 북은 통행 제한 및 근로자 철수 등에 의한 개성공단 중단사태가 재발되지 않도록 하며, 어떠한 경우에도 정세의 영향을 받음이 없이 남측 인원의 안정적 통행, 북측 근로자의 정상 출근, 기업재산의 보호 등 공단의 정상적 운영을 보장한다.(1항)" 또한 "남과 북은 개성공단 기업들에 대해 국제적 수준의 기업활동 조건을 보장하고, 국제적 경쟁력이 있는 공단으로 발전시켜 나간다(3항)"고 명시되어 있다. 이러한 배경에는 지난 2011년 새누리당 박근혜 후보의 대북 정책 기조인 '한반도 신뢰프로세스'를 입안한 곳에서 찾을 수 있다. 그동안 남북관계에 여러 우여곡절이 있었음에도 불구하고 한반도 신뢰프로세스는 박근혜 정부의 대북정책 중의 하나로 튼튼한 안보를 바탕으로 남북간 신뢰를 형성함으로써 남북관계를 발전시키고, 한반도에 평화를 정착시키며, 나아가 통일의 기반을 구축하려는 정책으로 나름대로 평가할 수 있다.

하지만 이번 조치로 한반도 신뢰프로세스는 절단 났다. 무엇보다 신뢰는 잘 알고 있는 것과 잘 모르고 있는 것의 중간 상태에서만 가능하다. 신뢰는 비록 북한에 대한 무지에도 불구하고 긍정적 관계를 맺게 한다. 신뢰는 잘 모르는 관계에도 불구하고 긍정적 행동을 할 수 있게 만들어 줄 수 있다. 내가 이미 모든 것을 알고 있다면, 신뢰란 애당초 필요치 않다. 하지만 신뢰 아닌 불신의 근원은 대통령의 약속이었다. 약속을 하지 않는 대통령과 함께하는 정치는 마침내 미래 그리고 이념들과 오랫동안 맺어왔던 타협의 폐기를 예고하고 있다. 이를 가리켜 프랑스 정치철학자 자크 랑시에르(Jacques Ranciére)는 『정치적인 것의 가장자리』(1998)에서 "정치의 종언"을 선언한다. 곧 정치의 종언은 어떤 시대, 그 자체로 어떤 시간의 사용, 즉 약속의 사용에 있어서 크게 영향을 받은 시대가 끝났다는 것을 뜻한다. 박근혜 정부는 국내 · 외관계에서 약속파기를 거리낌 없이 일삼는 "정치의 종언"을 진정 선언하고 싶은가?

정부의 이번 조치로 개성입주 기업들은 1조원에 달하는 피해액에 60~70%가 도산할 것이라는 이야기까지 흘러나오고 있다. 즉, 124개 개성공단 기업의 연관기업이 3,000개를 헤아린다고 한다. 또한 개성공단 연관기업에 종사하는 남측 근로자들이 5만~10만명 정도 추정한다. 대한민국 전체 남측에 유통되는 전체 의류에서 30%와 유통되는 전체 속옷의 90%가 개성산이라 한다. 대한민국 헌법 제34조 6항에 "국가는 재해를 예방하고 그 위험으로부터 국민을 보호하기 위해 노력해야 한다."고 명시되어 있다. 국가의 존재이유는 국민의 안전과 재산을 지키고, 자유와 인권을 보장하고, 행복과 풍요를 도모하기 위해서 존재한다. 개성공단의 전면중단이라는 일방적 통보를 정부가 강행하면서 개성공단입주로 인해 피해를 입은 기업들에게 원하는 보상을 해 주거나, 피해액에 합당하는 조속한 합의를 이끌어 내야 한다. 이는 국가와 국민 간의 신뢰의 문제다. 신뢰는 사회를 지탱하는 결합재다. 서로 신뢰할 수 있다고 느끼는 감정은 사회를 안정하게 한다.

하지만 박근혜정부 들어 철저한 통제가 신뢰를 대신해 가고 있는지 이미 오래되었기에 불신의 벽이 너무 높다. 신뢰는 신념에 입각한 행위다. 모든 권력이 국민으로부터 나오는 민주주의체제에서는 이런 신뢰관계를 아무리 강조해도 지나치지 않다. 국민이 존재하지 않으면 국가가 없고, 국가가 없으면 국민이 안전할 수 없는 것처럼, 양자 간에는 서로에 대한 신뢰를 밑바탕에 깔고 있어야 한다.

《굿모닝 충청, <목요세평>, 2016.02.17.》

박기영 교수와 책임윤리의 실종

최근 세간을 떠들썩하게 했던 박기영 순천대 교수(전 과학기술혁신본부장)가 4일만에 자진사퇴했다. 늦었지만 잘 한 결정이다. 문재인정부가 들어선지 세간의 비판에 못 이겨 자진사퇴한 차관급 고위직 인사는 안경환 전 법무장관후보자, 조대엽 전 노동부장관후보자, 김기정 국가안보실 제2차장에 이어 네 번째다. 촛불시민정국으로 탄생한 정부치고는 인사시스템이 너무 허술하다. 박기영 교수는 어떤 인물인가? 과거를 돌이켜 보고 싶지 않지만, 이제 반면교사로 삼아야 하지 않을까?

박기영 교수는 황우석 전서울대교수로 인해 세간에 더욱 알려졌다. 지난 2002년 말 정권을 잡은 노무현 정부는 김대중 정부 때보다 더 적극적으로 집중과 선택을 통한 신자유주의정책에 입각하여 황 교수를 지원했다. 2003년 8월에 황 교수를 국가과학기술위원회 장관급 민간위원으로 임명하고, 황 교수가 관여한 '바이오신약 · 장기'분야를 10대 차세대 성장동력

산업 중 하나로 선정하였다. 그리고 황 교수는 바로 그 바이오 신약·장기 분과의 위원장을 맡는다. 누구보다 박기영 순천대 교수는 지난 2004년 1월에 노무현대통령 과학기술보좌관으로 임명되면서 황 교수 지원에 대대적으로 앞장섰다. 또한 박기영 교수는 황 교수팀의 2004년《사이언스》논문의 공저자로 되어 있고, 황 교수로부터 무관한 연구과제 2개를 위탁받으면서 정부지원금 2억 5천만 원을 받았다. 실제로 전공이 다른 박 교수가 논문에 기여한 바가 없다는 점에서 논문에 이를 넣어주는 정치적 입김을 작용했다. 박 교수는 '황우석 연구지원 모니터링팀'과 '황우석 지적재산권 관리팀'을 운영하고, 정부와 청와대측 핵심인사들을 중심으로 '황금박쥐'(황우석 교수, 김병준 청와대 정책실장, 박기영 보좌관, 진대제 정보통신부 장관)라는 비공식모임을 결성하고 황우석 교수의 줄기세포 연구를 안정적으로 지원하기 위한 각종 방안을 마련하는 데 주도적 역할을 수행했다.

황 교수가 세간에 이름을 널리 알린 시기는 1990년대 후반이다. 그는 1999년 2월에 '영롱이'를 만들어 세계에서 다섯 번째로 체세포 동물복제에 성공했다고 언론에 보도되었다. 그 해 4월에는 복제한우 '진이'를 연이어 탄생시킨 황 교수는 당시 언론의 조명과 김대중 대통령의 신임을 받아 일약 '스타과학자'의 반열에 오른다. 황 교수는 1999년에 처음으로 구성되었던 대통령이 주재하는 국가과학기술위원회에 출석하여 대통령과 과학기술 관련 장관들 앞에서 직접 복제소 탄생에 대해 보고하는 영광을 누렸다. 이처럼 소복제로 명성을 얻은 황 교수는 2002년에는 정통부에서 연구비를 지원받아 3년간 43억 원을'광우병내성 소 개발사업'을 진행하고, 이종간 장기복제를 위한 면역거부반응이 제거된 무균돼지 복제연구에 착수하면서 점차 줄기세포 분야로 연구영역을 넓혔다. 이러한 일련의 과정에서 그가 스타과학자로서의 지위를 확고히 굳힌 것은 노무현 정부부터이다.

과학기술부는 2004년 황 교수에게 65억 원의 연구비를 지원한 데 이어 2005년에는 연구비 265억 원으로 확대 책정했다. 과학기술부가 황 교수를 띄우기 위해 황 교수 연구의 시장 잠재력을 가공하고 부풀린 셈이다. 지난 2004년 황 교수의 첫 인간배아 줄기세포 연구성과가 『사이언스』에 발표된 몇 개월 뒤 『네이처』는 「한국의 줄기세포 스타들, 윤리적 의혹에 시달리고 있다」라는 제목으로 황 교수의 난자 획득 경위, IRB 통과 문제, 청와대 정보과학 기술보좌관이 공동저자로 포함된 경위에 대한 의문 등 여러 가지 윤리적 의혹을 제기하면서 그는 결국 돌이킬 수 없는 사기꾼 과학자로 전락했다. 이러한 여러 재정적 지원은 황 교수를 스타과학자로 만들기 위해 지난 정부가 어떠한 행태를 보였는가를 잘 알 수 있는 대목이다.

박기영 교수는 지난 10년간 자기의 행적에 대해 공개적으로 반성한 적이 없다. 철학자 요나스(Hans Jonas)가 『책임의 원칙』(1979)에서 주장하는 바와 같이, 사회의 전반적인 책임윤리 의식의 고양은 그 어느 때보다 시급한 실정이다. 책임은 도덕적인 전제조건이 되기도 하지만, 도덕 그 자체만은 아니다. 행위결과에 대한 책임은 1차적으로 법적인 의미이지 도덕적인 의미만은 아니기 때문이다. 그 원인이 악행이 아니었고 결과가 의도된 것이 아니라고 하더라도 저지른 막대한 피해는 어떻게 책임져야 하나?

《굿모닝 충청, <목요세평>, 2017.08.17.》

허위사실 유포와 표현의 자유

조희연 서울시교육감이 2015년 4월 23일 공직선거법상 허위사실 공표죄로 기소돼 당선 무효형인 '벌금 500만원'을 1심에서 선고받았다. 조 교육감이 지난해 5월25일 최경영 '뉴스타파'기자의 트위터 글을 근거로 선거 당시 상대 고승덕 후보의 미국 영주권 보유 의혹 해명을 요구하며 '허위사실'을 유포했다는 것이 기소 이유다. 보수단체들은 조 교육감이 허위사실을 공표했기 때문에 조 교육감을 고발했다고 말한다. 하지만 그 당시 경찰은 '혐의 없음' 의견으로 조 교육감과 관련한 서류를 검찰에 넘겼지만, 검찰은 공소시효 만료 하루 전에 조 교육감을 전격 기소했다. 말하자면 "고승덕 후보가 미국 영주권을 보유하고 있다는 의혹이 있으며, 만약 이게 사실이라면 교육감 자격이 없다"는 취지의 후보자 자격 검증을 시도했다가, 오히려 공직선거법 위반 혐의로 기소되는 코미디가 벌어진 것이다. 조 교육감은 유감스럽게도, 향후 대법원에서 유죄 판결을 받고 형이 확정된다면, 교육감직에서 중도하차할 위기에 처하게 됐다.

이는 분명 진보 교육감을 옥죄려는 정치적 기소라는 논란의 와중에 재판이 열렸다는 점에서, 검찰의 조 교육감 기소 논리는 설득력이 약하다. 선거 기간 중에 벌어진 후보 검증 공방 내용을 '허위사실 공표죄'로 단죄하겠다는 검찰의 기소는 아무리 곱씹어 봐도 납득하기 어렵다. 예컨대 박근혜 대통령이 한나라당 비대위원장 시절인 2007년 이명박 전 대통령이 BBK의 실소유자라고 공개적으로 밝혔는데도 불구하고 처벌을 면한 것에 반해, 동일한 이유로 정봉주 전 민주당 의원은 1년 실형을 복역했다. 지난 6·4 지방선거에서 고승덕 후보가 아무런 근거도 제시하지 않은 채 조희연 후보에게 통합진보당과의 연루설, 장남의 병역 기피 의혹 등을 제기했지만, 검찰은 이를 허위사실 공표죄로 기소하지 않았다.

대법원 판례를 보면 제시된 소명자료 등에 의해 의혹이 진실인 것으로 믿을 만한 상당한 이유가 있을 경우, 비록 사후에 그 의혹이 진실이 아닌 것으로 밝혀진다고 할지라도 표현의 자유 보장을 위해 이를 벌할 수 없다. 선거 기간 중 후보자 사이에 중요한 의혹에 대한 해명 요구가 허위사실 유포에 해당된다면, 지금까지 행해졌던 대통령 선거, 국회의원 선거, 각종 지방선거에서 제기했던 수많은 의혹들 중 상당수는 허위사실 유포에 해당될 수 있다.

무릇 민주주의 국가에서 표현의 자유가 보장되어야 함은 기본 상식에 속한다. 표현의 자유는 사상의 자유, 말할 자유, 묵비권의 자유, 언론의 자유, 집회의 자유를 모두 망라하는 넓은 권리다. 어느 누구라도 마음 한가운데서 자유로울 수 있다. 여기서 전체를 아우르는 것이 표현의 자유이다. '세계인권선언'의 제30조 마지막 조항은 "어떤 국가, 집단, 개인도 타인의 권리와 자유를 파괴할 목적의 활동에 종사하거나 또한 그와 같은 행위를 행할 어떠한 권리도 가지는 것으로 해석되지 아니한다"고 강조하고 있다.

검찰은 진보 교육감의 표적수사가 아니라면, 선거 중에 후보자 검증 차원에서 진행한 해명 요구 등에 대해 표현의 자유를 당연히 보장해야 한다. 선거 중에 최소한의 의혹 제기는 후보 검증을 위해 필수적인 의견 표명임은 아무리 강조해도 지나침이 없다. 다시 말해 선거 중의 의혹 제기는 민주주의 국가가 반드시 보장해야 할 다양한 선거활동 가운데 본질적인 것이다. 선거 과정에서 지켜져야 할 표현의 자유와 언론의 자유는 어떤 이유로도, 또 어느 누구라도 위축받지 않아야 한다. 민주주의 국가에서 표현의 자유는 100% 보장하는 것을 원칙으로 해야 함은 두말할 나위가 없다. 표현의 자유를 무제한 허용함에 따르는 부작용에 대한 우려가 있을 것이다. 시민의 양식이 그런 부작용을 걸러낼 수 있다. 어느 시점에서든 표현의 자유를 실천하는 것은 시민들의 건전한 양식으로 조절되어야 한다. 1심 판결문에는 표현의 자유에 대한 고민이 담겨 있지 않다. 표현의 자유에 대한 깊은 고민이 담긴 판결문을 읽고 싶다.

《경향신문, 2015.06.28.》

5.18정신과 디오니소스의 축제

대한민국 제19대 문재인 대통령이 지난 5월10일 국회의사당 내부 로텐더 홀에서 취임했다. 바로 전날 5월 9일 치러진 대통령 선거가 박근혜 전(前) 대통령의 탄핵, 파면으로 인한 조기선거였기 때문에 그는 대통령 인수위원회 없이 곧바로 대통령직에 올랐다. 취임이후 문재인대통령은 파격적인 장관급 인사 및 5.18 광주민주화 운동 임을 위한 행진곡 제창 등 거침없는 행보를 단행함으로써 향후 그의 직무수행을 기대케 한다. 지난 근 10여년 동안 이명박근혜 정부는 소수 지지자의 입장에서 케케묵은 보수와 진보의 편가르기 정책을 끊임없이 펴왔다. 그 결과 국민들의 한 가슴에 피멍이 지금도 시퍼렇게 든 채 다함께 축배의 잔을 들 여지도 없이 핍박한 삶을 살아왔다. 지금 우리의 현 정서를 머나 먼 그리스 시대의 디오스소스의 숭배에서 거슬러 올라가 찾아보면 어떨까? 디오니소스 숭배사상은 기원전 13세기경 소아시아로부터 그리스에 유입되었다. 기원전 7~8세기에 이르면 디오니소스를 경배하는 축제에 이미 합창무용 경연대회가 열렸다. 이 무용에 디오니소스 신을 숭앙하는 디튀람보스가 뒤따랐다. 디튀람보스의 어원은 잘 알려져 있지 않지만, 그리스의 '트라기코스(tragikos)'에서 유래했다. 이것은 'tragos(Bock, 산양)'와 'ohdäh(Gesang, 노래)'의 합성어다. 산양은 디오니소스의 다른 모습인데, 신화에 의하면 제우스는 헤라에게서 자신의 아들인 디오니소스를 보호하기 위해 산양으로 변신시켜 요정에게 맡겼다고 전해진다. 이를테면 디오니소스 축제는 아버지 제우스의 명령으로 갈기갈기 찢겨 죽은 디오니소스를 추모하는 행사였다.

왜 그리스인은 비극적인 사건을 흥에 북돋는 즐거운 축제로 바꾸어서 기념했는가? 그 이야기 내면에는 아주 무시무시한 내용이 숨겨져 있다.그들은 신이 살해되면 그 시체를 뜯어먹는 것이 그 당시 내려온 관습이었다. 그들은 신의 육신을 먹으면 신의 영험함이 자신에게 되돌아온다고 믿었고, 이 때문에 신이 그 대리자의 목을 베는 날에는 흥겨운 축제가 벌어졌다. 유럽에서 매년 초봄에 행해지는 카니발은 글자 그대로 인육을 먹는다는 뜻인데 원형이 바로 이것이다. 성자의 유골이 영험하다고 믿었던 그 당시 사람들은 가끔 성자를 죽여 그 시체를 끓는 물에 푹 고아 삶아 뼈와 살을 분리시킨 다음에 그 뼈를 몸에 지니고 다녔다고 한다. 그 뒤로는 인간 대신 산양이나 염소 같은 짐승들이 죽어 나갔다. 포도의 신이자 주신(酒神)인 디오니소스는 때로는 산양과 동일시되어 사람들은 인육(人肉) 대신에 염소나 산양을 먹으며 즐겼다. 이렇게 그리스의 비극은 디오니소스 축제에서 불렀던 노래 디튀람보스(Dythrmbus)에서 비롯되었다. 디튀람보스는 주신 디오니소스에게 경의를 표하며 부른 일종의 행렬 찬가였다. 비극은 이와 같이 비극적으로 탄생했던 것이다. 말하자면 비극은 산양의 탈을 쓰고 술 마시고 노래하는 축제에서 유래했다.

디튀람보스에 최초로 문학적 형식을 부여한 사람은 아리온이다. 그는 코린토스에 있을 때 처음으로 원형 합창대를 조직하여 이들로 하여금 일정한 주제를 가진 시를 피리의 반주에 맞춰 노래하게 했다. 디튀람보스의 출발지는 도리스인의 지역이지만, 완전히 성숙하게 된 것은 페이시스트라토스와 그의 아들들이 통치하던 아테네에서 디오니소스 제전과 관계를 맺기 시작한 때부터였다. 디오니소스의 숭배의식은 디튀람보스에서부터 나왔으며, 황홀경에 몰두하는 것으로 설명된다. 이러한 황홀과 자기망각으로부터 디오니소스적인 서정시가 나왔으며, 여기서 그리스 비극의 드라마가 전개되었다. 그 당시 시민 모두가 참여하는 행사였던 그리스 비극의 드라마는 가면 없이 시작했고, 관객도 없었다. 이러한 그리스 비극은 합창단과 관객의 구분이 필요 없었다. 철학자 니체는 비극을 근원적으로 이러한 합창이며 그 이외에 어떤 것도 아니라고 말한다. 문재인 대통령은 이번 5.18 민주화운동 기념식에서 '임을 위한 행진곡'을 다시 제창하게 했다. 지난 1980년대 광주의 비극은 우리 민족전체의 비극이었다. 이제 그리스 비극에서처럼, 국민 모두가 하나가 된 노래를 부르면서 포도주의 축배를 들면 어떨까?

《굿모닝충청, <목요세평>, 2017. 05. 25》

영화 <1987>과 집단기억 그리고 미래

지난 2017년 12월 27일 개봉한 영화 〈1987〉은 박종철 열사의 31주년 기일에 맞추어 1월 13일 500만 명의 관객을 돌파했다. 영화 〈1987〉은 1987년 1월 고 박종철 열사 고문치사 사건과 죽음을 중심으로 공안당국의 조직적 은폐와 이를 밝혀내려는 검사, 교도관, 기자, 재야인사 등 자신의 위치에서 할 수 있는 임무에 최선을 다하여 그 진실을 사실적으로 묘사하면서 많은 국민적 공감을 일으키고 있다. 이는 국민들의 뇌리에서 희미해져 가던 故박종철, 이한열 열사를 재조명하고, 지난 30년 전의 1987년 6월 항쟁의 의미를 되새겨 보는 것이리라.

우리는 왜 이미 지나가 버린 1987년 민주화운동과 같은 특정한 대상들이나 사건에 대해 주의를 기울이고, 기억하며, 생각할까? 왜 우리는 무엇인가를 기억하기 위해 〈1987〉과 같은 영화를 제작하고, 기념비를 세우고, 기록보관소를 만들고, 기억의 조형물을 설치할까? 그 이유는 기억이 문제풀이의 필수적인 능력을 지녔기 때문일 것이다. 기억은 인간행동의 가장 두드러진 측면 중의 하나다. 참혹한 기억은 우리들의 삶에 손상을 입힌다. 홀로코스트, 6.25 전쟁, 일제강점기, 87년 6월 항쟁, 80년 5.18.광주민주화운동, 외상후 스트레스 장애 등이 그러하다. 기억은 우리가 여러 사실들을 한꺼번에 늘어놓음으로써 일상에서 만나는 문제들을 풀 수 있게 해 준다. 기억은 〈1987〉과 같은 영화를 보면서 생각, 경험, 행동 속에 반영되어 지속적으로 표상된다. 또한 이 영화를 통해 우리의 기억은 자료, 능력, 감정과 같은 정보를 보존하고 이 정보를 개인의 필요에 따라 호출하는 과정으로 나타난다. 학습은 그러한 표상들을 얻는 것인데, 뇌의 여러 영역들과 활동들이 표상에 관여한다. 사람의 기억은 놀랄 정도로 한계가 있으나, 아울러 놀랄 정도로 인상 깊은 능력을 지녔다. 예컨대 기억은 〈1987〉 영화에서 의식과 시간사이의 관계, 기억의 개인적인 측면과 역사적 측면사이의 관계, 생각하는 의식 주체가 우리의 인과성 개념을 바꾸어 놓았는지의 여부 등과 연관된다.

기억에 대한 역사적, 사회적 학문적 논의는 프랑스의 사회학자였던 모리스 알박스에 의해 시작되었다. 그 이전에는 기억을 개인적이고 심리적인 차원에서 한정하여 접근했다. 특히 프랑스 철학자 베르그송은 기억을 시간의 관점에서 주관적 경험에 부속되기 때문에 직관적이고 주관적인 개인의 의식이 철학적 성찰의 주요한 요소라 간주한다. 베르그송은 연속적인 변화를 순간적으로 파악한 것을 이미지라고 불렀고, 그 이미지들을 뇌라는 또 다른 이미지를 통해 포착해 형성한 것이 지각인데 이런 지각에 의해 구성된 것이 바로 기억이라 했다. 알박스는 베르그송과 같은 철학자들이 말하는 기억을 사회적, 집단적, 구성적 관점에서 다시 바라보면서 이를 집단기억이란 개념으로 표현했다. 영화 〈1987〉년과 같은 민주화운동의 역사에 대한 집단기억이라는 것이 자민족 역사에 대한 무조건적인 숭배만을 의미하는 것은 아니다. 역사에 대한 기억은 다양한 모습으로 다시 상기된다. 일제 강점기 위안부 할머니를 기억하기 위해 소녀상 세우기, 1948년 제주 4,3항쟁 다시 기억하기, 한국전쟁 민간인학살 사건 발굴, 1980년 광주민주화항쟁 재평가, 1987년 6월항쟁 다시 기억하기 등이 이런 사례에 속한다.

기억은 단지 과거의 사건을 현재에 있는 그대로 재현하는 것이 아니다. 〈1987〉 영화에서 보듯이, 과거 1987년 민주화 운동의 기억을 해본 사람이라면, 기억이 과거의 재구성이라는 사실을 잘 인지한다. 기억하려고 해도 잘되지 않던 것이 갑자기 영화를 통해 기억되기도 하고, 기억된 것도 때로 왜곡되어 나타나기도 한다. 기억은 개인적 정체성의 연속을 위해 필수적일 뿐 아니라 문화의 전수와 사회의 진화 및 연속을 위해서도 필연적이다. 과거 1987년과 같은 민주항쟁의 집단기억은 향후 우리의 역사과제에 대한 문제풀이여야 한다. 왜냐하면 과거의 집단기억은 우리 미래의 삶에 연속성을 제공하기 때문이다. 기억은 과거에 대한 정합적인 생각을 제공하고, 그 생각은 현재의 경험을 일목요연하게 정리할 수 있어야 한다. 기억의 결합력이 없다면, 경험은 살아가는 동안에 만나는 무수한 조각들로 파편화될 것이다. 영화 〈1987〉년과 같은 집단기억이 제공하는 정신적 시간 여행이 없다면, 우리의 개인사는 제대로 인지하지 못할 것이며, 우리의 미래에 대한 삶의 이정표로 작용하는 2017년 촛불항쟁과 같은 승리의 순간들을 회상할 길이 없을 것이다. 우리의 기억 과정은 우리가 승리의 사건들을 쉽게 떠올릴 수 있고, 악몽 같은 사건들과 실망스러운 일들의 정서적 충격을 쉽게 희석할 수 있을 때 우리에게 소중한 자산으로 다가갈 수 있을 것이다.

《굿모닝 충청, <시사프리즘>, 2018.01.22.》

4차 산업혁명과 일자리 창출

2017년 5월 9일은 대한민국 대통령조기 선거의 날이다. 지난 5개월간 촛불시민의 힘으로 국정농단과 헌법을 유린한 대통령을 끌어내리고 구속기소했다. 향후 조기 대통령 선거는 누가 대통령이 되는가, 그 대통령이 국민들부터 어떻게, 얼마만큼의 지지를 받고 당선되느냐 하는 사안은 중요하게 되었다. 최근 대선주자들은 여러 공약 가운데 일제히 내수 활성화와 '4차 산업혁명'을 대선공약의 청사진으로 제시하면서 4차 산업혁명의 향방에 관심이 집중되고 있다. 대선 후보들이 4차 산업혁명의 공약들을 쏟아내고 있지만, 그 용어는 아직 생소하다. 먼저 4차 산업혁명이란 말은 지난해 1월 다보스포럼에서 처음 등장했다. 1차 산업혁명은 증기기관의 등장, 2차 산업혁명은 전기와 생산조립라인의 동력에 따른 에너지 혁명, 3차 산업혁명은 컴퓨터 보급과 인터넷 발달에 따른 디지털혁명이다. 4차 산업혁명은 3차 산업혁명을 기반으로 디지털과 바이

오산업 등의 경계를 융합한다. 하지만 4차 산업혁명은 누구나 쉽게 이해할 수 있는 설명은 아니다. 4차 산업혁명은 이종산업 간 융합을 골자로 한다. 대표적인 예인 사물인터넷(IOT)은 전자기술과 통신기술의 융합, 자율주행차는 자동자 산업과 인공지능(AI) 기술의 '협업'이다. 대체로 '알파고'로 유명해진 머신러닝(기계학습) 기술과 AI의 발달이 주요 수단으로 손꼽힌다. 작년 이세돌과 알파고와의 대국을 통해 컴퓨터는 인간의 판단을 뛰어넘어 스스로 사고할 수 있다는 점이 증명된 바 있다. 4차 산업혁명 과정에는 영리한 컴퓨터'가 보편화되어 이미 우리 생활의 일부를 차지하고 있다. 우리는 매일 스마트폰으로 KTX를 예매하거나, 부모님께 선물을 보내거나, 택시를 부르거나, 은행업무를 보거나, 실내의 조명과 난방을 조절한다. 이전에는 일일이 발품을 들여야 했던 일들을 지금은 앉아서 손가락만 까딱 움직이면 해결된다. 이런 생활 방식의 파괴적인 변화가 4차 산업혁명의 특징인 '초연결성'이다. 영리한 컴퓨터가 지금까지 사람들이 맡아왔던 업무를 대신하고, 스마트폰 등을 통한 원격조정 기능이 활성화되면서 물리적인 '거리'의 한계가 점차 사라지고 있는 것이다.

여야 대권주자는 차기 정부 경제정책에 대해 4차 산업혁명과 이를 통한 일자리 창출을 내세운다. 향후 4차 산업혁명과 관련된 기술업종들과 산업분야에서 새로운 일자리를 전망한다. 즉 미국의 제너럴 일렉트릭회사는 "AI와 3D프린팅, 빅데이터와 산업로봇 등 4차 산업혁명의 핵심 동력과 관련된 분야에서 200만개의 새로운 일자리가 창출"될 것으로 전망한다. 하지만 일자리의 '총량'은 대체로 감소하게 될 것이라 미래학자들은 예측한다. 이 과정에서 양극화로 인한 불평등이 심화될 가능성이 증가하여 정부의 분배역할은 더욱 중요하게 되었다. 특히 일자리를 비롯한 사회구조의 전반적인 개편이 예상되는 만큼, 정부 차원의 대책이 요구된다. 문재인, 안철수, 심상정, 유승민, 홍준표 등 대선 후보들은 4차 산업혁명을 차기 정부의 중요 국정과제로 내세운다.

문후보는 정부주도형 신성장전략을 강조하고, 대통령 직속 산업혁명위원회를 중심으로 국가가 4차 산업혁명 성장을 책임지는 구조를 제시한다. 안 후보는 민간주도형 기술혁명을 내세우고, 다양성과 창의성이 중요한 만큼 정부 주도가 아닌 민간의 자율적 시도가 중요하다는 입장이다. 대신 정부는 교육을 통해 인재 양성에 주력하여 4차 산업혁명 인재 10만명 육성을 위해 AI, 빅데이터, 3차원(3D) 프린팅 분야 등의 재교육을 강화하겠다는 방안이다. 심 후보는 4차 산업혁명은 '사회 전체의 혁신'이라는 관점에서 국가전략을 강조한다. '정부냐 기업이냐'하는 해묵은 이분법을 넘어서야 한다고 주장한다. 유후보는 미래창조과학부와 산업담당 부처의 통합 또는 기능 조정 등

4차 산업혁명을 위한 맞춤형 정부부처 개편을 제안한다. 홍후보는 새만금을 4차 산업혁명의 전진기지로 삼겠다는 것이다.

그러나 후보들의 4차 산업혁명 청사진이 주로 연구개발 지원이라는 정부냐 민간이냐 하는 정책적인 접근에 머물 뿐 대체로 구체성이 부족하다. 또한 사회의 구조변화를 가져오는 4차 산업혁명은 대선 주자들의 바람처럼 유권자 모두에게 '장밋빛 미래'를 보장하지 않는다. 4차 산업혁명의 부작용을 극복하기 대책도 유권자들에게 공약으로 제시해야 한다. 따라서 후보들은 4차 산업혁명으로 발생할 수 있는 일자리 감소, 빈부격차의 확대 등 부정적인 측면에 귀를 기울여야 할 것이다.

《굿모닝 충청, <목요세평>, 2017.04.20.》

인공지능과 인간의 미래

지난 2016년 3월 13일 '2045 서울미래보고서 시민참여형 미래서울 만들기' 보고서에 따르면, 응답자의 70.5%가 '인지기술의 발달과 인공지능', 71.5%는 '기후 변화에 따른 물 부족 현상'이 우리 삶에 영향을 미칠 것이라 답했다. AI가 향후 우리의 삶에 지대한 영향을 미칠 것이라는 시민들의 반응이다. 최근 2016년 3월9일~3월15일까지 있었던 이세돌 프로바둑 9단에게 4연승을 거둔 구글 회사 딥 마인드(Deep Mind)가 개발한 알파고(AlphaGo)와 같은 인공지능(AI)들이 2045년쯤 우리 삶을 바꾸게 될 것이라 전망한다.

주지하듯이, 지난 이세돌 프로바둑 9단과 영국 구글 회사가 개발한 바둑 AI의 '알파고'와의 '구글 딥마인드 챌린지 매치'는 이 9단의 충격패로 종결됐다. 대국 전 예상과는 다르게 인공지능 알파고의 압승이었다. 딥 마인드의 연구총괄 데이비드 실버는 "알파고가 1,000년에 해당하는 시간만큼 바둑을

학습했다"고 말한다. 알파고의 승리 의미는 단순히 뛰어난 바둑 AI가 탄생했다는 것이 아니라 본격적으로 '인공지능의 시대'를 알리는 신호탄이다. 처음에 인간의 단순 노동을 대신해 주던 기계에서 사고의 결정까지도 대신 해 줄 수 있는 AI의 과학이 급속도로 발전하고 있는 것이다. 이미 AI, 트랜샌던스(Transcendence) 등 인공지능을 주제로 한 공상과학 영화들이 많은 사람들에게 인기를 끌게 되면서 커다란 관심을 불러일으킨 바 있다. 알파고를 개발한 하사비스에 따르면 "알파고는 스스로 학습하며 발전하기 때문에 바둑이라는 게임뿐 아니라 실생활 어디든 적용될 수 있다. 그래서 알파고가 사회의 난제들을 해결하는 데 유용하게 쓰이기를 기대한다. AI의 목적은 인공지능이 인간을 상대로 이길 수 있다는 것을 보여주려는 데 있지 않다. 대부분의 AI연구자들의 궁극적인 목표는 AI를 연구하여 이를 발전시켜, 그 지능적 시스템들을 통해 인류가 직면한 중요한 문제들, 즉 환경 · 자원 · 질병 · 전쟁 · 교육 · 사회불평등 들을 해결해 나가는데 있다.

미국의 컴퓨터 이론가인 레이 커즈와일은 『특이점이 다가오고 있다(The Singularity is Near)』(2005) 에서 2030년 전후에 지능면에서 기계와 인간 사이의 구별이 사라질 것이라고 전망한다. 이러한 근거는 인간의 두뇌에 대한 분석이 2030년이면 끝날 것이라 예상되기 때문이다. 첨단기술의 발전이 미래 어느 시점에 특이점에 도달하여 성공적으로 융합되면, 인간을 이러한 융합기술로 개조하여 생물학적 한계를 극복할 수 있다는 것이다. 인간의 생물학적 신체는 도태되고 첨단기술에 의해 능력이 완전하게 증강하여 인간이후의 존재가 출현할 수 있다. 미래학자들은 향후 2020년까지 AI 때문에 일자리 500만 개가 사라질 것으로 예측한다. 특히 은행원이나 보험설계사, 운전기사, 법원서기, 공장 관리자 등의 직종은 빠르게 사라질 전망이다. 가장 활용 가능성이 높은 분야는 의료와 여행이다. 예컨대 AI는 축적된 수많은 의료정보를 토대로 2시간 만에 병명을 찾아내고 처방한다. 미국 앤더슨 암센터는 왓슨의 암 진단 정확도가 96%로 일반 암 전문의보다 월등히 뛰어나다고 밝혔다.

AI는 스마트폰으로 여행 숙박을 예약할 경우 AI가 기존에 묵었던 투숙자의 숙소 정보와 동선, 선호하는 관광지 등을 스스로 학습해 자동으로 추천하고 여행 일정을 짜준다. 또한 금융 부문에서도 동일한 조건에서 인간 펀드매니저들이 평균 3% 손실을 낸 데 비해 AI는 5% 수익을 거두었다. 이를 근거로 최근 영국 최대은행 RBS는 AI를 상담에 활용하여 기존의 550명을 해고했다. 그뿐만 아니라 AI는 새로운 요리를 만드는 일, 음식을 주문받고 봉사하는 일에까지 구체적으로 계획해 준다. 이렇게 AI가 인간의 일자리를 대치할 것이라는 전망에는 이견이 없다. 하지만 인간지성의 가장 위험했던 모험은 지난 과거부터 현시점에 이르기까지 자연과학, 공학 그리고 인문학을 함께 연결하고자 하는 노력이었다. 따라서 인공지능 시대의 준비는 AI와 인간의 무한 경쟁이 아닌 AI와 인간의 협력에 대한 고민과 연구일 것이다. 스티브 잡스는 애플 내에서 인문학과 리버럴 아츠(Liberal Arts)를 옹호한 유일한 인물이었다. 그의 철학은 인간을 위한 기술이다. 나아가 잡스가 "기술과 리버럴 아츠, 인문학의 결합이 우리들의 가슴을 노래하게 하는 결과를 가져다 줄 수 있을 것"이라는 발언에 조금이나마 위안이 될 수 있을까?

《굿모닝 충청, <목요세평>, 2016.03.31.》

chapter 05

촛불시민혁명과 한국사회

박근혜-최순실 게이트, 그리고 인간말종의 정치

"권력은 악이다." 독일의 역사학자 부르크하르트(Jacob Burckhardt)가 한 말이다. 지난 11월 17일 한국갤럽여론조사에 따르면, 박근혜 대통령이 취임이후 3주 연속 5%의 지지율에 머물렀다. 이 정도면 식물대통령이나 다름없다. 이러한 지지율은 그동안 그녀가 온갖 악행을 전방위적으로 저질러온 것에 대한 당연한 귀결이다. 집권이후 박대통령은 4.16 세월호 참사 진상규명의 무력화, 위안부 할머니들에 대한 밀실야합, 중등역사교과서의 일방적 국정화 강행, 개성공단의 일방적 폐쇄, 사드배치의 일방적 강행, 문화예술인의 블랙리스트 작성 및 관리, 노동배제와 탄압, 언론의 통제, 백남기 농민의 국가폭력에 의한 살해 및 모르쇠, 한일군사비밀정보보호협정강행, 그리고 미르 · K스포츠 재단설립강제모금조성 등 이 나라를 '헬조선'의 나락으로 빠지게 하고 민주주의를 파괴시킨 악행을 자행했다.

주지하듯이, 우리나라 헌법 1조의 1항과 2항에 "대한민국은 민주공화국이다"라고 명시하고 있다. 여기서 민주공화국은 국가주권의 원칙, 권력분립의 원칙, 그리고 의회주의와 법치주의를 기본원리로 삼는다. 공화국이란 그 낱말의 뉘앙스에서 묻어나듯이, 공(公) 개념의 성격이 강하다. 말하자면 공화란 공익성 · 공공성을 뜻하며 사적인 이익보다 공적인 일을 추구한다. 이런 점에서 공화국은 단순히 사적인 관점에서 접근하지 않는다. 박근혜-최순실 게이트의 출발은 공적 일과는 거리가 먼 국가권력을 사유화하여 헌정질서를 파괴한 국정농단의 본질에서 찾을 수 있다. 이 나라는 이명박근혜정권 이후로 비상식이 상식, 민주가 용공세력, 반칙이 원칙으로 통용된 지 오래되었다. 공공적 책무를 위임받은 국가최고 통수권자가 공과 사를 구분 못하고 상식과 원칙에서 한참 벗어난 행태는 인간말종과 다를 것이 없다. 철학자 니체는 〈차라투스트라는 이렇게 말했다〉에서 인간말종(the letzte Mensch)을 이렇게 묘사했다.

> "보라! 나 너에게 인간말종을 보여주겠다. ...대지는 왜소화되었으며, 그 위에 모든 것을 작게 만드는 저 인간말종이 날뛰고 있다. 이 종족은 벼룩과도 같아서 근절되지 않는다. 인간말종이 누구보다도 오래 산다. 우리는 행복을 찾아냈다. 인간말종은 이렇게 말하고는 눈을 깜빡거린다.
> 돌볼 목자도 없고 가축의 무리가 있을 뿐! 모두가 평등하기

를 원하며 실제로 그렇다. 어느 누구든 자기가 특별하다고 느끼는 사람은 제 발로 정신병원을 가기 마련이다... 저들은 낮에는 낮대로, 밤에는 밤대로 조촐하게 쾌락을 즐긴다. 그러면서도 건강은 끔찍이도 생각한다. 우리는 행복을 찾아냈다. 인간말종은 이렇게 말하고는 눈을 깜박거린다."

지난 2012년 이정희 통합민주당 대표는 제18대 대통령 후보 TV토론회에서 시종일관 박근혜 후보에게 엄청난 공세를 퍼부었다. 이에 대해 박근혜 후보는 이정희 후보에게 다음과 같은 질문을 던졌다. 왜 나온 겁니까? '박근혜 후보를 떨어뜨리기 위해서 나왔습니다.' 이젠 이 발언이 대한민국의 현실이 되어 지난 3,4차 민중총궐기에는 계층, 나이, 성별할 것 없이 100여만 이상 전국의 시민들이 광장에 모였다. '박근혜 퇴진, 박근혜 하야'라는 목표는 모두 한 목소리로 똑같았다. "촛불은 결국 바람이 불면 꺼진다."는 새누리당 김진태의원의 바람대로 촛불이 쉽사리 꺼질 것 같지 않다. 오히려 촛불이 횃불로 활활 타올라 민주주의의 등불을 더욱 밝히고 있다. 이러한 열망을 바탕으로 박근혜대통령 퇴진의 플랜(자발적 퇴진, 탄핵소추 즉각 가동, 새총리 인선, 중립거국내각구성, 시민사회와의 연대 등)은 그녀가 권좌에서 내려올 때까지 지속되어야 한다.

지금껏 대한민국에서 하야(下野)한 대통령은 5.16. 12.12 군사 쿠데타 이후 강압으로 사직한 대통령 두 명(윤보선, 최규하)

을 제외하면 제1~3대 이승만 대통령이 전후무후하다. 그 직접적인 이유는 4 · 19 혁명으로 "국민이 원한다면 물러나겠다."며 대통령직에서 내려왔다. 박 대통령이 이승만대통령과 같이 자발적으로 퇴진하기를 다음과 같이 기대한다. "최순실과 함께 국정을 농단한 저의 잘못을 백번 사죄하는 마음으로 국민 여러분의 뜻을 겸허히 받아들이겠습니다. 따라서 저는 오늘부터 대통령자리에서 물러나겠습니다."라고 선언하는 것이 가장 자연스러운 자발적 퇴진이다. 이러한 선언이 이어진다면, 최소한 인간말종이라는 소리는 면할 수도 있겠다. 그렇지 않다면, 국민의 명령으로 제2, 제3의 퇴진플랜을 가동시키자. 먼저 지난 20일 검찰의 중간발표에서 사실상 박대통령이 주범으로 밝혀진 이상, 국회는 여야 모두 탄핵소추를 즉각 가결시켜 '대통령 직무를 정지' 하는 것부터 매진하자.

《굿모닝 충청, <목요세평>, 2016.11.24.》

박근혜-최순실 게이트 청문회와 나르시즘

지난 1월 9일 박근혜-최순실 국정농단 진상규명을 위한 국회 국정조사 특별위원회의 청문회가 막을 내렸다. 많은 국민들은 박근혜-최순실 청문회를 통해 실체적 진실이 드러나기를 기대했지만, 최순실을 비롯한 상당수 증인들이 불참하거나 또는 노골적인 거짓말로 일관해 분노를 자아냈다. 일부 국회의원들의 자질 미달도 도마 위에 올랐다. 박근혜-최순실 국정농단의 핵심인물로 의심받고 있는 우병우(전 대통령 민정수석), 김기춘(전 대통령 비서실장)을 비롯하여 조윤선(전 문체부장관), 최경희(이대총장), 김경숙(전 이대학장), 장시호(최순실 조카), 이재용(삼성 부회장), 조여옥(전 청와대 간호대위)등이 청문회의 핵심증인으로 심문받았다.

하지만 이들의 시종일관 모르쇠 전략 또는 거짓말로 인해 청문회에서 속 시원하게 규명된 것이 없다. 예컨대 지난 22일 '세월호 7시간 박근혜 대통령 의혹'을 해소하기 위한 5차 청문회 당시 조 대위의 '거짓말 논란'은 지난 언론 인터뷰에서 세월호 참사 당일 청와대 관저 의무동에서 근무했다고 밝혔다가 5차 청문회에서는 의무실에서 근무했다고 말을 바꿨다.

지난 1월 14일 SBS TV의 '그것이 알고 싶다'의 프로그램이 박근혜-최순실 게이트의 핵심인물이자 특검 수사의 열쇠로 지목된 김기춘 전 청와대 비서실장의 행적을 다루었다. 그는 재일 유학생 간첩 조작사건부터 유서 대필 사건까지 모두 모르쇠로 일관했다. 지난 박근혜-최순실 국정농단 청문회에서도 마찬가지였다. 그러나 몸은 거짓말을 하지 못했다. 전문가들은 "자주 고개를 끄덕인다. 거짓말을 하는 이가 고개를 끄덕이면 상대가 맞다고 생각한다. 자기 합리화라는 것이다"라 지적한다.

정신분석학자 프로이트는 사람들의 심리는 몸에서 바깥으로 흘러나오는 것이기 때문에 감출 수가 없다고 한다. 예를 들어 자꾸 코를 만진다거나 몸의 움직임이 많아진다던지 하는 어떤 몇 가지 사안들이 거짓말하는 사람들의 행동이라고 알려져 있고 실제로 그것을 통해 구별하기도 한다. 지난 청문회장에 나왔던 이들의 공통된 행동은 다소 차이가 있지만, 거짓말을 할 때 하는 행동, 즉, 과장된 몸짓, 입을 꽉 무는 행위, 특정 순간에 눈을 자주 깜빡이는 행위, 몸을 들썩이는 행동, 침을 삼키는 것, 몸을 앞뒤로 움직이는 것, 이런 것들에서 거짓말을 발견할 수가 있었다고 전문가들은 지적한다.

이러한 거짓을 행하는 사람들의 가장 심리적인 근본 코드가 나르시즘이다. 나르시즘은 물에 비친 자신의 모습에 반하여 자기와 같은 이름의 꽃인 미소년 나르키소스, 즉 수선화가 된 나르키소스와 연관된 그리스 신화에서 유래한다. 정신과에서 사회적으로 범죄를 저지르고 거짓말하고 사기치고 죄의식도 없는 사람들을 반사회적 인격 장애라고 진단한다. 그런데 반사회적 인격 장애자와 나르시즘을 구별하기가 매우 어렵다는데 있다. 프로이트의 정신의학에 따르면, 나르시즘의 증상을 가진 사람들은 아름다움이나 성공, 권력에 대해 끊임없이 추구한다. 그리고 자기 자신이 과도하게 찬양받기를 원한다. 또한 사람에 대한 공감력이 전혀 없는 것이 특징이며, 자기 자신에 대한 정서적인 공감도 없고, 타인에 대한 공감도 전혀 없다. 일반 사람들이 이런 나르시즘의 사람과 알고 지내다 보면 항상 이용당하고 착취당하는데, 이것이 나르시즘의 특징이다. 위에서 나열한 박근혜, 최순실, 김기춘, 우병우, 최경희, 조윤선 등은 성공, 권력, 아름다움을 추구하고 자신과의 정서적 공감, 타인과의 공감력이 제로에 가까운 나르시즘의 전형적인 인물이라면 지나친 비약일까?

결국 이번 박근혜-최순실 게이트 청문회가 아무것도 건진 것이 없는 맹탕 청문회라는 비판을 받게 되는 것도 증인들이 대부분 모르쇠로서 아니면 시종일관 모른다고 부인하기 때문이다. 이재용 삼성전자 부회장이 뇌물공여 및 위증 혐의로 특검에 첫 고발됐다. 청문회의 위증죄 처벌규정(형법 152조 허위진술에 5년 이하 징역, 1천만원 벌금)이 있지만, 실제로 처벌받은 사례가 드물 정도로 너무 관대하다. 19대 국회에서 향후 위증죄는 국회에서의 증언, 감정 등에 관한 법률14조, 1년 이상 10년 이하의 징역형으로 적용되어야 한다. 따라서 이번 특검에서는 위증죄를 상당히 엄하게 다스려 거짓말에 대한 사회 전체의 인식 전환이 필요한 적기(適期)다.

《굿모닝 충청, <목요세평>, 2017.01.19.》

박근혜 前대통령 파면과 구시대 적폐청산의 길

지난 2017년 3월 10일 오전 11시 21분은 대한민국 헌정사에서 최초로 대통령을 헌법재판소 재판관 8명 전원일치의 판결로 파면한 시간이다. 비록 헌법재판소는 탄핵결정에서 '세월호 7시간', '언론의 자유', '권력에 의한 심각한 인권유린' 등의 탄핵사유를 배제시켰고, '재벌의 뇌물공여'를 '기업의 사유재산권 침해'로 정당화해 주는 결과를 초래했을지라도, 박근혜가 대통령으로서 헌법수호의지가 없었다고 분명하게 말했다.

> "피청구인의 위헌 · 위법행위는 국민의 신임을 배반한 것으로 헌법수호의 관점에서 용납될 수 없는 중대한 법 위배행위라고 보아야 합니다. 피청구인의 법 위배행위가 헌법질서에 미치는 부정적 영향과 파급효과가 중대하므로, 피청구인을 파면함으로써 얻는 헌법 수호의 이익이 압도적으로 크다고 할 것입니다."

이렇게 박근혜 前대통령이 파면되기 직전까지 작년 10월 초부터 전국에서 그리고 서울에서 19차례에 걸친 134일의 대규모 촛불시민항쟁의 대장정이 있었다. 이를 통해 주권자로서의 시민들이 권력의 남용과 사리사욕에 탐닉한 최악의 최고 권력자를 파면했다. 이제 시민들은 비로소 국가의 주인임을 자각하게 되었고, 그 국가는 "주권자 시민 모두의 행복과 안전을 위해 존립하고 기능해야 한다는 민주공화국의 기본원리"를 몸소 실천적으로 체득하고 있는 중이다. 지난해 9월 20일 한겨레의 첫 보도이후 '최순실'이라는 이름이 세상에 알려진지 한 달 뒤에 JTBC의 태블릿피시 보도로 '최순실 국정농단'의 실체가 온 국민들에게 드러났다. 그 이후 박 前대통령은 12월 9일 국회에서 탄핵안이 과반수이상(234명)의 찬성으로 가결되면서 대통령 직무정지, 다시 92일 만에 대한민국 헌정 사상 첫 파면 대통령이 됐다.

먼저 박 前대통령이 5년의 임기도 채우지도 못한 채 불명예스러운 대통령이 된 1차적인 이유는 '박근혜-최순실 게이트'였다. 하지만 그 이면에는 비선실세에 의존한 대통령의 비밀주의가 결국 박정권의 몰락을 좌초했다. 또한 박근혜에게서 시작된 박정권 전체의 무기력과 무능력, 그리고 무책임한 3무(無)의 국정운영의 태도에도 그 주된 원인이 있었다. 지난 10월부터 이번 3월초까지 4개월 동안 광장에서 촛불시민들의 힘에 의해 대통령은 파면되었지만, 광장에서 분출한 적폐청산의 요구는 여전히 유효하게 작동하고 있다. 이제 박근혜 정권이 지난 4년 동안 자행해 왔던 온갖 반민주적이고 반민중적이며 비정상적인 모든 적폐들을 청산하기 위한 절호의 기회가 왔다.

무엇보다 적폐청산은 국정농단정당의 완전 퇴출, 사드배치의 중단 및 재논의, 공공 부문의 성과퇴출제와 전력 등 신자유주의에 입각한 민영화의 중단, 국정역사교과서의 완전 폐기, 세월호 특별법의 재제정과 새로운 국회의 진상조사, 새로운 청년일자리 창출과 청년실업자 해결, 대학의 완전자율화, 교육부의 개선 및 폐지, 백남기 농민사건의 국가폭력 진상규명 및 책임자의 처벌, 비정규직 노동자의 정규직화, 4대강 사업의 진상규명, 재벌위주 중심의 기업정책 해체, 언론개혁과 방송법 개정 등에서 전방위적으로 진행돼야 한다. 이러한 적폐청산은 새로운 민주정부의 정권교체를 통해 달성돼야하기 때문에 적폐청산과 정권교체는 양면의 동전이다. 따라서 지난 박정권의 불법부당하게 살포된 반민주적 정책과 사이비 기관들은 당연히 폐기 처분해야 한다. 그리고 이를 이용하여 사익을 추구하고 권력을 마음껏 향유했던 온갖 부역자들을 촛불시민혁명의 이름으로 완전 퇴출시켜야 한다. 또한 최근 국민의 당, 한국당, 바른 정당 등 3당에 의해 당리당략적으로 추진되고 있는 헌법의 개헌논의는 주권자를 능멸하는 사기행각에 불과하기 때문에 즉각 중단돼야 한다. 비록 적폐청산의 최종 귀결점이 개헌이 될 수 있을지언정, 이는 적폐청산의 국민적 요구와 헌법 개정권자인 주권자에 의해 주도돼야 마땅하다. 지금껏 대통령을 탄핵시킨 촛불시민혁명은 적폐의 청산을 끊임없이 요구해 왔고, 명실상부한 민주공화국의 질서를 재구축하기를 간절히 원하고 있다. 이는 분명 주권자인 촛불시민주체 세력의 절실한 요구이다.

《굿모닝 충청, <목요세평>, 2017.03.23.》

향후 촛불시민혁명의 과제

대한민국은 지금 실로 일촉즉발의 혁명전야다. 주지하듯이, 지난 2016년 12월 9일 박근혜대통령이 7차에 걸쳐 총 795만명(주최측 추산)이 참여한 범시민촛불혁명의 힘으로 국회에서 찬성 234, 반대 56표로 탄핵소추안이 가결 통과됐다. 이제 헌법재판소에서 그녀는 180여일 안에 탄핵심판의 결정을 내리기 전까지 모든 직무가 정지됐다. 이는 11월초부터 이어진 거센 촛불 민심의 압박에 의해 국회에서 우여곡절 끝에 가결시켰다. 하지만 박근혜대통령의 후안무치는 국가원수의 품격으로는 도저히 상식적으로 납득할 수 없는 행태들을 이어가고 있다. 급기야 지난 12월 16일에 박대리인단은 헌법재판소에 탄핵사유 반박 답변서를 제출했다. 그 답변서에 따르면, 탄핵은 "이유가 없으며 기각되어야 한다"고 주장하면서, "사실관계 및 법률관계 모두를 다투겠다"고 선언했다. 또한 "최순실씨 등의 국정관여비율을 계량화한다면, 1%미만이 될 것"이라 주장했다.

박근혜대통령의 변호인단이 어떤 모략적이고 구차한 탄핵반박사유의 답변서를 내 놓는다 할지라도, 그동안 촛불시민혁명에 나선 주권자들은, 박근혜정부가 지금껏 시민들의 행복과 안전을 뒷전으로 하고 민주공화국에서 준수해야 할 공공성의 의무를 저버린 사실, 사적인 이기심을 충족하기 위해 재벌들과 결탁하여 시민들의 행복을 저버린 사실, 최순실이란 비선실세를 이용하여 헌정과 국정을 사적으로 마음대로 농락하고 유린한 사실 등에서 탄핵심판을 가했다. 따라서 전국의 분노한 시민들은 촛불의 혁명정국을 2달가량 이어오고 있다. 그럼 우리에게 지금 혁명이란 무엇이고 시민혁명이란 무엇일까?

먼저 혁명이란, 불어권을 대표하는 로베르(Robert) 사전에 따르면, 혁명은 "인간사회와 역사에서의 매우 중요한 변화, 사회의 급진적인 변화가 기존 체계의 전복을 초래할 때 일어날 나는 역사적 사건 전체를" 뜻한다. 사전적 정의에서 혁명의 중요한 요소는 변화의 정도와 영향력, 비합법적 수단, 또는 폭력성, 그리고 정치적 성격을 함축한다. 혁명이 다소 폭력이라는 비합법적인 수단을 용인한다면, 개혁은 평화적인 방법을 통해 목표를 달성하고자 한다. 하지만 양자의 목표는 동일하다. 더 나은 사회, 살기 좋은 세상, 정의로운 세상을 만들겠다는 취지에서는 동일하다. 혁명이 전국적이고 근본적인 것이라면, 폭동, 소요사태는 국지적이고 일회적이다. 이런 측면에서 지금의 촛불시민혁명은 폭력이 아닌, 평화적인 방법을 동원했다는 점에서 개혁의 의미도 함께 담고 있다. 그런데 옥스퍼드 사전은 이러한 요소를 포함하고 있는 역사적 사건 가운데 '성공'한 것에만 혁명의 지위를 부여한다는 점이다. 옥스퍼드 사전의 정의를 십분 받아들인다면, 이제 우리의 촛불시민혁명은 절반의 성공만을 거둔 셈이다. 물론 시민혁명은 근대국가의 형성 · 발전과정에서 기존체제가 경험한 성공과 실패가 빚어낸 역설의 산물이다. 여기서 시민이란 도시시민을 뜻하는 것이 아니라, 특정한 경제적 · 문화적 · 정치적 의미를 함축한다. 그 의미는 사회변동의 과정에서 변화되어 왔다. 지금 우리의 촛불 시민혁명은 박근혜 체제에서 경험했던 모든 지나간 역사적 사건들을 이젠 완전히 전복시켜 새로운 신체제로 변화시켜야 하는 중대한 기로에 서 있다. 따라서 향후 우리 촛불시민혁명의 정국은 의외로 간단히 접근할 수 있다. 복잡한 타래는 먼저 단순한 타래에서 풀어야 한다.

첫째, 범 촛불시민의 혁명을 시민사회가 주도권을 쥐고야 3당이 시민들의 명령에 따르도록 압박하는 것이다. 황교안 국무총리를 비롯한 그 주변의 공범자들이 완전히 퇴진할 때까지 촛불시민의 정국을 주도해 나가야 한다. 향후 촛불시민혁명의 정국은 더 이상 시민들이 수동적 객체가 아니라 능동적

주체가 되어 여야국회가 더 이상 당리당략에 빠지게 않게 압박하고 감시해야 한다. 이제 "시민들은 일상으로 돌아가야 한다" 한 여당의원들의 발언은 그 신뢰를 잃었다. 그들이 보여준 많은 행태는 보신(保身)주의에서 크게 벗어나지 않았기 때문이다.

둘째, 촛불시민혁명이 미완으로 남지 않기 위해서라도 촛불은 당연히 지속되어야 한다. 지금의 시국을 헌법재판소에만 일임할 수 없다. 왜냐하면 촛불시민혁명의 힘으로 박근혜 대통령은 시민들에게 탄핵은 받았지만, 법적인 탄핵은 아직 끝나지 않았기 때문이다. 국정의 공백을 최소화하기 위해서라도 헌재에 신속한 탄핵심판의 결정을 시민들의 다양한 방법을 동원하여 압박해 나가야 한다.

셋째, 대한민국을 세계의 웃음거리로 만든 박근혜-최순실 게이트의 주역인 새누리당이 그 공범세력이라는 역사적 사실에 대해 시민사회와 야3당 공동으로 심판의 절차를 마련해야 한다. 즉, 지금의 촛불시민혁명은 먼저 주변공모자들을 정리하는 것에서 출발해야 한다. 이제 새누리당은 완전한 해체를 통해 그동안의 행적을 뉘우치고, 역사의 준엄한 심판을 받아야 한다.

넷째, 국회의원들의 당리당략적인 개헌의 논의는 지금 상황에서는 적절하지 않다. 왜냐하면 개헌의 논의는 국정회복과 사회변화라는 시민혁명의 본질을 놓칠 수 있기 때문이다.

지금껏 시민의 촛불현장에서 단 한 번도 개헌의 구호를 외친 적이 없기 때문이기도 하다.

다섯째, 박근혜 즉시 퇴진과 민주평등 국가시스템 구성을 위한 전국교수자시국회의는 우리의 시민혁명이 완수될 때까지 민주평등, 공공성의 새로운 대한민국을 건설하는데 교수연구자로서 진취적으로 기여할 수 있도록 최선을 다한다.

《굿모닝 충청, <목요세평>, 2016.12.22.》

6.13 지방선거와 촛불시민혁명의 완수

2018년 6월 13일은 민주선거 시행 70주년 이자 서울, 경기 등 17개 광역단체에서 선거가 동시에 이루어지는 제7회 전국동시 지방 선거일이다. 이번 선거는 전국 광역단체장과 교육감, 기초단체장, 광역 · 기초의원 등 17개 광역단체에서 모두 260개의 단체장과 4천여 명의 지역 일꾼들을 뽑게 된다. 문재인 정부 출범 이후 치러지는 첫 전국단위 선거이기 때문에 정치적인 의미는 실로 중대하다. 지방자치의 의미가 곧 풀뿌리 민주주의와 지난 박근혜 前대통령 탄핵이후 촛불시민혁명과 직결된다는 첫 번째 선거라는 사실을 감안한다면, 이번 지방선거는 과거 그 어느 선거보다 중요하다. 이런 점에서 이번 지방선거는 지난 촛불시민혁명의 완수라는 연장선장에 있다. 또한 6.12 북미 정상회담과 6.13 지방선거는 한반도의 운명을 획기적으로 바꾸는 시발점이 될 수 있다. 이른바 지방선거의 본질은 지역주민의 삶과 살림을 책임질 일꾼을 선발하는데 있다.

지방선거가 유권자들의 무관심 속에서 치러진다면, 부도덕하고 무능한 후보자들에게 날개를 달아주는 셈이다. 지방선거의 무관심이 남북관계에 묻혀 가서도 안 됨은 물론이다. 냉철한 이성적 판단으로 따져 볼 것은 명백히 따져봐야 하는 것이 최소한 유권자들의 의무다. 따라서 이번 6.13 지방선거에 대한 관심이 저조하면 할수록, 풀뿌리 민주주의는 고사하고 후보자 따로, 유권자 따로의 국고(國庫)를 탕진하는 지방선거가 될 수 있다. 지방선거에서 유권자들의 무관심이 증가할수록 그 피해는 고스란히 유권자에게 돌아갈 수 있는 것이다.

그리스 시대의 철학자 아리스토텔레스는 ≪정치학≫에서 모든 인간의 정치성, 이른바 "인간은 정치적 동물이다"라고 말한다. 그는 정치적 참여와 행위를 통한 행복을 옹호한다. 그리고 그는 시민 모두에 의한 결정, 이를테면 집단 지성의 훌륭함을 얘기한다. 그러나 그는 항상 그 뒤에는 그에 대한 회의, 제약, 한계가 뒤따를 수 있다고 말한다. 아리스토텔레스는 ≪정치학≫에서 "민주정치가 다양한 이유는 민주정치마다 주민의 성격이 서로 다르고 민주정치의 제도를 서로 다르게 결합하기 때문이다"라고 강조한다. 예컨대 "국민은 농민(農民)으로 구성될 수도 있고, 직공이나 품팔이꾼으로 구성될 수도 있다." 아리스토텔레스는 이들 집단사이에서 합심하면 민주정치는 더 좋아지거나 나빠지는 방식으로 머물지 않고 다른 유형의 민주정치가 될 수 있다고 비판한다. 예컨대 문재인정부 출범이후 지금까지 촛불혁명의 성과를 수구보수 야당은 합심 혹은 야합해 국민들의 대다수가 요구하는 개헌을 무산시켜 민주정치의 본질을 변질시켰다. 이를테면 이들 보수야권세력의 반대로 촛불시민혁명으로 표출된 시민들의 정치적 요구가 새로운 헌법에 여전히 반영되지 못하고 있는 것이다.

또한 촛불민심으로 탄생한 현정부가 국회에서 과반을 넘지 못해 문재인-김정은 4.27 판문점 정상회담의 평화 결의안조차도 통과시키지 못했다. 이런 점에서 이번 선거는 촛불시민혁명의 정신이 국정에서도 지방자치에서도 반영돼야 하는 절박한 상황이다. 이를 반영하는 방법은 차기 국회나 이번 지방의회, 지방선거에서 촛불시민혁명 반대세력의 숫자를 대폭 줄이는 방법이외에는 그다지 다른 대안이 없어 보인다. 말하자면 촛불시민혁명의 반대세력 내지 국정농단세력의 입지를 선거를 통해 대폭 축소시켜 개헌을 비롯한 가능한 모든 국정운영을 정상궤도로 올려놓는 것이다. 또한 문재인 정부의 높은 지지도를 등에 업고 자신들의 자기 이권과 당리당략에만 사로잡혀 있는 지방의회 권력을 먼저 교체하는 것이 촛불시민혁명을 완성하는 지름길이다. 예컨대 지난 2018년 5월 25일 여야의 야합으로 최저임금 개정 법률을 전격 통과시킨 것은 당리당략의 전형이다. 이런 졸속 통과로 향후 최저임금법은 그동안 정기상여금과 최저임금에 포함되지 않았던 식비, 숙박비, 교통비 등 통화로 지급되는 복리후생적 임금 등이 일정한 기준에 따라 단계적으로 최저임금에 산입될 예정이다.

따라서 이번 6.13지방선거는 기존 정치세력에 약속을 이행하라는 투쟁을 넘어서서 우리의 손으로 제대로 된 일꾼을 뽑아 시민과 소외계층을 대변하는 새로운 정책을 만들고, 시민의 손으로 그 정책을 실현할 수 있는 선거여야 할 것이다. 그래서 이번 지방선거를 통해 촛불시민들이 명령한 적폐청산과 시민이 중심이 된 풀뿌리 민주주의의 정치세력화의 교두보를 마련해야 하는 것이다. 결국 촛불시민혁명이 6월 항쟁의 벽을 넘느냐 못 넘느냐는 적극적인 시민들의 선거참여에 달려 있다.

《굿모닝 충청, <특별기고>, 2018.06.11.》